하루 하나 [*Branding*] 브랜딩
100일 챌린지 북 ──────

Branding

퍼스널 브랜드가 되는 법

■ 사소하지만 위대하게

■ 하루에 하나씩

■ 결정하고 집중하라

※ 큐알을 찍어 보세요. 당신을 위대한 퍼스널 브랜드로 만들어 드립니다.

하루 하나 브랜딩 100일 챌린지 북

초판 1쇄 2024년 9월 05일

지은이 조연심
펴낸이 김채민
펴낸곳 힘찬북스
출판등록 제410-2017-000143호

주소 서울특별시 마포구 망원로 94, 301호
전화 02-2272-2554
팩스 02-2272-2555
이메일 hcbooks17@naver.com

ISBN 979-11-90227-48-3 03190

하루 하나 브랜딩의 핵심 내용을 그대로 옮겼습니다.

중요 문장을 추출 요약하는 방법인 Extractive summarization 중에서도

그래프 기반 요약 graph–based summarization 방법은

내용의 관계를 깊이 알게 하는 알고리즘 중 하나입니다.

흐리게 표현된 부분을 따라 그리고 써보는 과정에서 메타인지 능력이 배가되고,

높은 집중력을 유지하며 결과적으로 강한 동기부여를 받게 될 것입니다.

노트 부분에 이해한 것과 인사이트를 추가하면 자신만의 브랜딩에 더 가까워질 것입니다.

하루 하나 [Branding] 브랜딩
100일 챌린지 북

　새로운 시작을 꿈꾸시나요? 아니면, 이미 시작한 여정에서 더 나아가고자 하시나요? 여러분의 이야기를 세상에 전할 수 있는 가장 강력한 방법, 바로 '퍼스널 브랜딩'입니다. 〈하루 하나 브랜딩 100일 챌린지 북〉을 펼치면서 여러분은 자신만의 독특한 브랜드를 발견하고, 매일 그 브랜드를 조금씩 성장시켜 나갈 수 있는 여정을 시작하게 됩니다.

　이 책은 단순한 이론 설명서가 아닙니다. 퍼스널 브랜딩과 관련된 100일간의 실질적인 미션과 도전은 여러분의 일상에 밀접하게 연결되어, 매일 실천할 수 있는 작은 단계들을 제안하게 될 것입니다. 이를 통해 여러분은 자신의 가치와 역량을 명확히 인식하고, 이를 전문적인 브랜드로 발전시키는 과정을 체험하게 됩니다.

- 체계적인 접근 방식 : 책은 100일 동안 매일 한 가지 브랜딩 활동을 수행하도록 구성되어 있어, 독자들이 점진적으로 자신의 브랜드를 개발할 수 있도록 돕습니다. 퍼스널 브랜딩의 필요, 쓸모, 의미, 정의, 과정, 기술에 대한 인사이트를 통해 현재의 나와 미래의 나 사이의 차이(GAP)를 좁혀나갈 수 있는 전략을 세워볼 수 있게 됩니다.
- 실용적인 지침과 도구 제공 : 퍼스널 브랜딩 외에도 마케팅, 홍보, 소비자 심리, 디자인, 컬러마케팅에 대한 이론적 배경과 함께 구체적인 실천 과제 그리고 자기

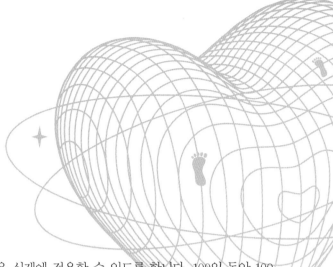

평가 도구를 제공하여 이론을 실제에 적용할 수 있도록 합니다. 100일 동안 100개의 그림을 직접 따라 그리고 메모를 하면서 퍼스널 브랜딩과 관련된 다양한 지식들을 장기적인 뇌에 인식시킬 수 있게 됩니다. 저자의 책 〈하루 하나 브랜딩〉을 참고하면 보다 체계적인 지식을 축적할 수 있습니다.

- 장기적인 성과와 변화 가능성 : 100일이라는 기간 동안 지속적인 브랜딩 활동을 통해 독자들은 자신만의 브랜드를 명확히 하고, 이를 통해 개인과 전문적인 면에서 장기적인 변화를 경험할 수 있습니다. 하루에 하나씩 브랜딩과 관련된 글과 이미지를 온라인에 기록함으로 만들어지는 100개의 데이터를 통해 당신의 관심사, 열정, 노력, 성장, 성공을 증명하는 온라인 포트폴리오를 축적하게 됩니다.

100이라는 숫자에 담긴 의미를 아시나요?

첫째, 100일 잔치입니다. 아기가 태어난 지 100일이 되면 100일 잔치를 하지요. 백일잔치는 조선 시대까지 거슬러 올라가는 깊은 역사를 가지고 있습니다. 과거에는 신생아의 사망률이 높고 의학적 조건이 열악했기 때문에, 아기가 태어난 후 100일 동안 생존하는 것은 큰 축복과 기적으로 여겨졌습니다. 따라서, 100일을 무사히 넘긴 것은 아기와 부모에게 큰 안도감을 주었고, 이를 기념하기 위해 가족과 친지들이 모여 축하하는 행사를 가졌습니다. 100일을 무사히 넘긴 아기는 비로소 한 명의 인간으로서 온전한 대접을 받게 됩니다. 〈하루 하나 브랜딩 100일 챌린지 북〉을 마친 후 100일 잔치를 하며 스스로를 축하할 수 있도록 당신의 100일 잔치를 기획해 보십시오.

둘째, 100일이면 곰도 사람이 될 수 있다는 이야기입니다. 이 설화는 주로 "호랑이와 곰이 사람이 되고자 하는 이야기"로 알려져 있으며, 이 이야기는 한국의 창세 신화인 단군 신화에 등장합니다. 이 설화에 따르면, 오래전 호랑이와 곰이 사람이 되기를 원했습니다. 이에 하늘의 신 환웅은 그들에게 도전을 제시합니다. 신은 두 동물에게 어두운 동굴에서 100일 동안 마늘과 부추만을 먹으며 견뎌내라고 명령합니다. 호랑이는 중간에 포기하고 맙니다만, 곰은 인내심을 가지고 100일을 견뎌냅니다. 그 결과, 곰은 아름다운 여인으로 변신하게 되며, 나중에 환웅과 결혼하여 단군을 낳게 됩니다. 단군은 고조선의 건국자로서 한민족의 시조로 여겨집니다. 이 설화는 인내와 희생이 결국에는 보상받을 수 있다는 교훈을 담고 있습니다. 결국 100일이면 곰도 사람이 될 수 있는 충분한 기간이라는 의미를 전해주는 설화입니다. 100일이 지나고 나면 당신도 이전과는 다른 자신이 되었다는 것을 알게 되실 것입니다. 주위 사람들로부터 축하와 인정을 받으며 자랑스럽게 다음 도전을 이어가시길 바랍니다.

셋째, 100번째 원숭이 효과입니다. 이는 1970년대 초반에 라이얼 왓슨과 뒤이어 켄 카이즈가 주창한 개념입니다. 이 이론은 일본의 고시마 섬에서 일본 마카크원숭이들을 대상으로 한 연구에서 유래했습니다. 연구자들은 원숭이들이 고구마를 씻어 먹는 습관을 어떻게 습득하는지 관찰하였습니다. 초기에는 소수의 원숭이만이 고구마를 씻어 먹었지만, 점차 더 많은 원숭이들이 이 습관을 배우기 시작했습니다.

라이얼 왓슨은 그의 책『라이프타이드(Lifetide)』에서, 특정한 임계점을 넘어서면, 즉 '100번째 원숭이'가 그 습관을 배웠을 때, 이 습관이 섬 전체의 원숭이들 사이에 급속하게 퍼진다고 주장했습니다. 왓슨은 이 현상을 집단의식의 변화로 설명하며, 일단 충분한 수의 원숭이가 새로운 행동을 배우면, 이 지식이 어떤 신비한 방식으로 다른 원숭이들에게 전달되어 전체 집단이 새로운 행동을 습득하는 것처럼 보인다고 기술하였습니다.

저는 이 책을 읽고 챌린지를 하는 당신이 퍼스널 브랜딩을 하려는 다른 사람들에게 100번째 원숭이 효과를 가져다 주는 사람이 되기를 바랍니다. 누군가에게 긍정적인 영향력을 주고 싶다는 것이 퍼스널 브랜딩을 하려는 당신의 가장 큰 목적 중 하나이기 때문입니다.

자, 이제 첫걸음을 떼십시오. 당신의 이야기를 세상에 전하는 것, 그것이 바로 당신이 브랜드가 되는 순간입니다. 〈하루 하나 브랜딩 100일 챌린지 북〉과 함께, 매일 매일 브랜딩을 통해 변화의 주인공이 되어 보세요. 지금 시작하는 모든 순간이 여러분을 위한 새로운 기회입니다.

목차

6장 퍼스널 브랜딩의 기술

1장
퍼스널 브랜딩의 필요

Branding

퍼스널 브랜딩의 필요 - 〈웹 3.0시대의 퍼스널 브랜딩〉

- 나만의 아이덴티티를 갖기
- 나다움을 넘어 직업적 본질을 찾기
- 온라인과 나를 연결하기

웹3.0시대, 각자의 브랜드 VS 모두의 브랜딩

#웹3.0시대 #각자의브랜드 #모두의브랜딩

■ 웹 3.0 시대의 퍼스널 브랜딩

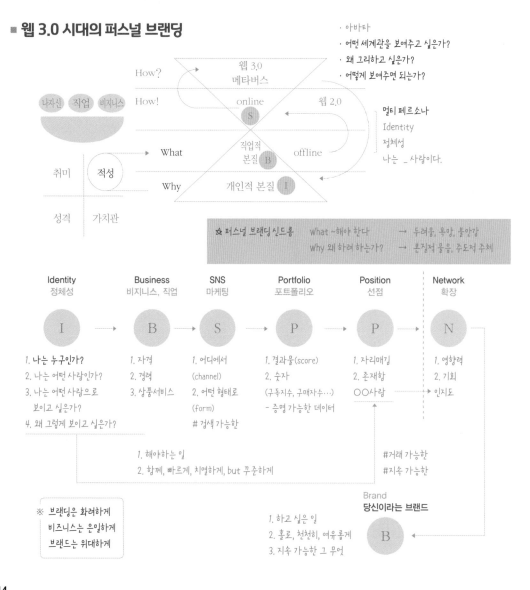

· 아바타
· 어떤 세계관을 보여주고 싶은가?
· 왜 그리고 싶은가?
· 어떻게 보여주면 되는가?

멀티 페르소나
Identity
정체성
나는 _ 사람이다.

☆ 퍼스널 브랜딩 신드롬   What ~해야 한다 → 두려움, 욕망, 불안감
                          Why 왜 하려 하는가? → 본질적 물음, 주도적 주체

Identity 정체성	Business 비지니스, 직업	SNS 마케팅	Portfolio 포트폴리오	Position 선점	Network 확장
I	B	S	P	P	N
1. 나는 누구인가? 2. 나는 어떤 사람인가? 3. 나는 어떤 사람으로 보이고 싶은가? 4. 왜 그렇게 보이고 싶은가?	1. 자격 2. 경력 3. 상품서비스	1. 어디에서 (channel) 2. 어떤 형태로 (form) #검색 가능한	1. 결과율(score) 2. 숫자 (구독지수, 구매자수…) - 증명 가능한 데이터	1. 자리매김 2. 존재함 ○○사람	1. 영향력 2. 기회 → 인지도

1. 해야하는 일
2. 함께, 빠르게, 치열하게, but 꾸준하게

#거래 가능한
#지속 가능한

※ 브랜딩은 화려하게
비즈니스는 은밀하게
브랜드는 위대하게

1. 하고 싶은 일
2. 홀로, 천천히, 여유롭게
3. 지속 가능한 그 무엇

Brand
당신이라는 브랜드

B

브랜딩은 화려하게, 비즈니스는 은밀하게, 브랜드는 위대하게

#002
프로바이더가 되거나
크리에이터가 되거나

#대체불가능한나 #플랫폼프로바이더 #콘텐츠크리에이터

■ 달라진 직업관, 변화하는 인간관계

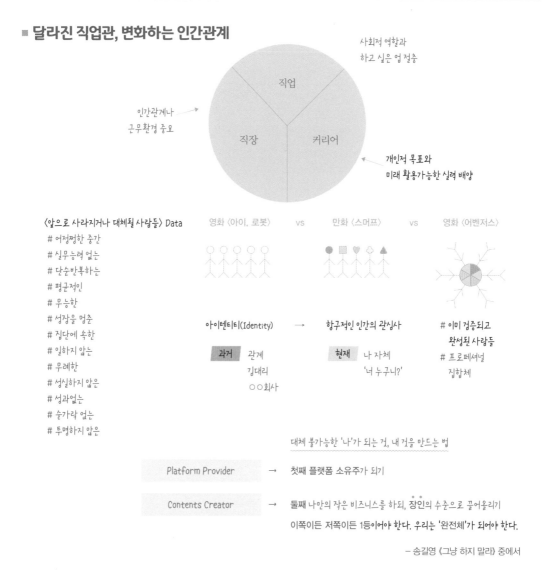

사회적 역할과
하고 싶은 업 절충

직업

인간관계나
근무환경 중요

직장   커리어

개인적 목표와
미래 활용가능한 실력 배양

〈앞으로 사라지거나 대체될 사람들〉 Data

어정쩡한 중간
실무능력 없는
단순반복하는
평균적인
무능한
성장을 멈춘
집단에 속한
일하지 않는
무례한
성실하지 않은
성과없는
숟가락 얹은
투명하지 않은

영화 〈아이, 로봇〉   vs   만화 〈스머프〉   vs   영화 〈어벤저스〉

아이덴티티(Identity)   →   항구적인 인간의 관심사

과거 관계   현재 나 자체
      김대리   '너 누구니?'
      ○○회사

이미 검증되고
  완성된 사람들
프로페셔널
  집합체

대체 불가능한 '나'가 되는 것, 내 것을 만드는 법

Platform Provider   →   첫째 플랫폼 소유주가 되기

Contents Creator   →   둘째 나만의 작은 비즈니스를 하되, 장인의 수준으로 끌어올리기

이쪽이든 저쪽이든 1등이어야 한다. 우리는 '완전체'가 되어야 한다.

– 송길영 《그냥 하지 말라》 중에서

무작정 열심히 하면 빨리 망한다.

#003
아무것도 필요 없는 시대의
마케팅에도 공식이 있다

#마켓4.0 #커뮤니티 #참여가치

■ 당신의 시장은 어디를 향해 있나요?

필립 코틀러의 '마켓 4.0'에서 살아남아야 한다.

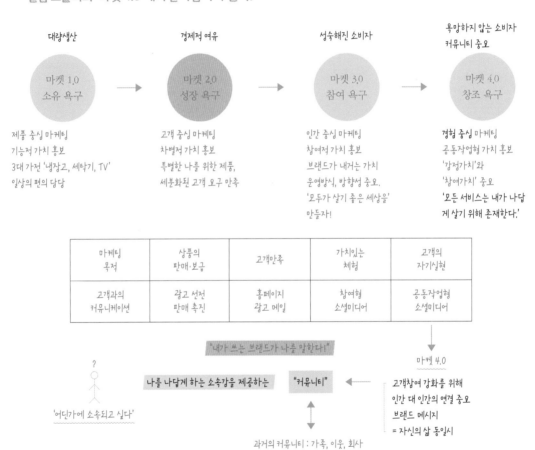

마케팅 목적	상품의 판매·보급	고객만족	가치있는 체험	고객의 자기실현
고객과의 커뮤니케이션	광고 선전 판매 촉진	홈페이지 광고 메일	참여형 소셜미디어	공동작업형 소셜미디어

"내가 쓰는 브랜드가 나를 말한다!"

나를 나답게 하는 소속감을 제공하는 　"커뮤니티"

마켓 4.0

고객참여 강화를 위해
인간 대 인간의 연결 중요
브랜드 메시지
= 자신의 삶 동일시

? '어딘가에 소속되고 싶다'

과거의 커뮤니티 : 가족, 이웃, 회사

– 오바라 가즈히로 《프로세스 이코노미》 중에서

마켓 1.0 / 소유 욕구 — 대량생산
제품 중심 마케팅 / 기능적 가치 홍보 / 3대 가전 '냉장고, 세탁기, TV' / 일상의 편의 담당

마켓 2.0 / 성장 욕구 — 경제적 여유
고객 중심 마케팅 / 차별적 가치 홍보 / 특별한 나를 위한 제품, / 세분화된 고객 요구 만족

마켓 3.0 / 참여 욕구 — 성숙해진 소비자
인간 중심 마케팅 / 참여적 가치 홍보 / 브랜드가 내거는 가치 / 운영방식, 방향성 중요. / '모두가 살기 좋은 세상을' / 만들자!

마켓 4.0 / 창조 욕구 — 욕망하지 않는 소비자 커뮤니티 중요
경험 중심 마케팅 / 공동작업형 가치 홍보 / '감정가치'와 / '참여가치' 중요 / '모든 서비스는 내가 나답 / 게 살기 위해 존재한다.'

모든 서비스는 내가 나답게 살기 위해 존재한다. 내가 쓰는 브랜드가 나를 말한다.

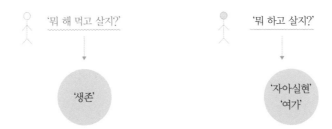

#004
잦은 이직에는 이유가 있다

#잦은이직의이유 #승진보다관계 #성공보다행복

■ **잦은 이직이 의미하는 것들**

'뭐 해 먹고 살지?'

'생존'

'뭐 하고 살지?'

'자아실현'
'여가'

요즘 사람들이 한 곳에 머물거나 한 직장에 오래 다니지 못하는 이유는 지금 하고 있는 [일]에서 [행복]을 찾기 때문이다.

일 = 문제를 해결하는 것

고객의 문제의 크기 = 일의 크기 = 돈의 크기

즉, 돈을 많이 벌고 싶으면 세가지 중 하나여야 한다.

고객의 문제의 크기 = 일의 크기 = 돈의 크기 즉, 돈을 많이 벌고 싶으면 세가지 중 하나여야 한다.

하나 문제가 큰 고객의 문제를 해결한다. (생명을 살리는 일, 법적 문제를 해결하는 일 등)

둘 사소한 문제를 가진 고객 다수를 서비스할 수 있다. (청소대행, 인원대행, 쇼핑대행 등)

세 돈이 돈을 벌게 한다. (투자, 사람은 8시간 일하지만 돈은 24시간 일할 수 있다.)

✿ 당신은 고객의 [어떤 문제]를 해결할 수 있는가?

프로페셔널 세상에서는 '생존'의 세상에서 '자아실현'을 꿈꾸지 않는다.

일은 어쨌거나 힘든 것이다.

생존을 위한 회사는 자아실현의 장이 아니다. 이 사실을 잊는 순간 잦은 퇴사가 이어진다.

설명하지 않아도 되는
사람들의 브랜딩은 다르다

#실력은전문가답게 #태도는전문가처럼 #퍼스널브랜드정체성

■ 당신은 '어떤' 사람인가요?

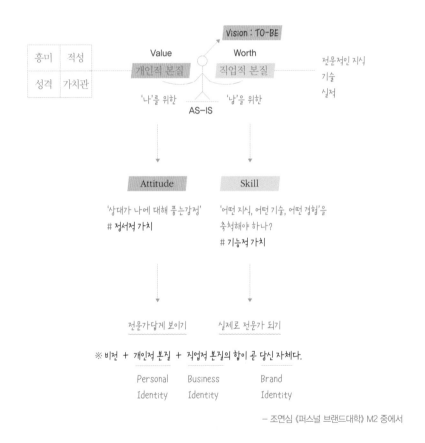

흥미	적성
성격	가치관

Vision : TO-BE

Value
개인적 본질

Worth
직업적 본질

전문적인 지식
기술
실적

'나'를 위한   '남'을 위한

AS-IS

Attitude   Skill

'상대가 나에 대해 품는감정'   '어떤 지식, 어떤 기술, 어떤 경험'을
정서적 가치   축척해야 하나?
                                  # 기능적 가치

전문가답게 보이기   실제로 전문가 되기

※ 비전 + 개인적 본질 + 직업적 본질의 합이 곧 당신 자체다.

Personal	Business	Brand
Identity	Identity	Identity

– 조연심 《퍼스널 브랜드대학》 M2 중에서

전문가가 되는 것과 전문가처럼 보이는 것은 전혀 다른 문제다.

무엇이든 해내는 사람들의 시간 관리법

#시간가계부 #시간관리법 #미래시간에투자

■ 시간 가계부를 작성하라

나는 어디에 시간을 사용하고 있을까?

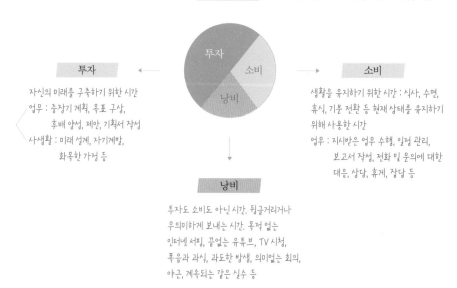

[시간 가계부] 최근 1주일 동안 자신이 시간을 사용한 내역을 적는다.

투자

자신의 미래를 구축하기 위한 시간
업무 : 중장기 계획, 목표 구상,
　　　 후배 양성, 제안, 기획서 작성
사생활 : 미래 설계, 자기계발,
　　　　 화목한 가정 등

소비

생활을 유지하기 위한 시간 : 식사, 수면,
휴식, 기분 전환 등 현재 상태를 유지하기
위해 사용한 시간
업무 : 지시받은 업무 수행, 일정 관리,
　　　 보고서 작성, 전화 및 문의에 대한
　　　 대응, 상담, 휴게, 잡담 등

낭비

투자도 소비도 아닌 시간. 뒹굴거리거나
무의미하게 보내는 시간. 목적 없는
인터넷 서핑, 끝없는 유튜브, TV 시청,
폭음과 과식, 과도한 방생, 의미없는 회의,
야근, 계속되는 같은 실수 등

※ '낭비' 시간을 '0'으로 만들라는 게 아니라 **여여시간을 만들어 미래에 대한 투자시간에 할애하는 것이** 원하는 미래를 위한 시간관리 전략이 된다. '투자' 시간이 '0'이라면 **'현재 상태 유지'**이므로 바라는 미래는 절대 오지 않을 것이다.

– 오히라 노부타카 《게으른 뇌에 행동 스위치를 켜라》 중에서

시간을 통제할 수 있어야 다른 결과를 만들어낼 수 있다.

007

무엇이든 해내는 사람들의 자기취급설명서

#파킨슨의법칙 #일과삶의균형 #자기취급설명서

■ 당신은 자기취급설명서가 있나요?

'일경놀경' **일과 삶의 균형(Work-Life balance)**을 조절하고 싶다면?

[파킨슨의 법칙] **'일은 주어진 시간에 따라 최대한 팽창한다'**

15분만에 할 수 있는 업무도 30분이라는 시간이 존재하면 결과적으로 30분의 시간을 들이게 된다는 것.

  시간제한 ········· 타이머를 활용하여 카운트다운하며 시간을 제한하면 **뇌가 더 활성화되어 집중**할 수 있게 된다.

'15분 안에 끝내겠어!'
'30분에 여기까지 끝내겠어'

↓

그렇다면 쉽게 기분이 가라앉고, 금방 스트레스가 쌓이는 사람은?

→ **기분전환**이 필요하다 "언제, 어디에서나, 즉시"

자기취급설명서 사용가능

〈기분전환 방법〉

몇 분	30분 정도	어느정도 시간 필요
심호흡·멍 때리기	낮잠	여행
스트레칭	청소	영화감상
산책	러닝, 싸이클	드라마 몰아보기
달달한 거 먹기	반신욕	호캉스
수다	드라마 시청	등산

Energy UP

※ '언제나 최상의 컨디션'인 사람은 없다. 행동력을 높이려면 체력과 집중력을 회복하기 위한 리프레시 방법이나 우울한 감정을 바로잡는 방법, 즉 '자기취급설명서'대로 실행할 수 있어야 한다.

– 오히라 노부타카 《게으른 뇌에 행동 스위치를 켜라》 중에서

일겸놀겸 워라밸로 살고 싶다면 자신의 행동력을 통제할 수 있어야 한다.

008

행동력이 높은 사람들은
욕망에 솔직하다

#머리의소리 #마음의소리 #욕망에진심

■ 당신의 욕망은 안녕한가요?

인생을 바꾸고 싶다면, 내면의 소리 [욕망]에 귀기울여야 한다.

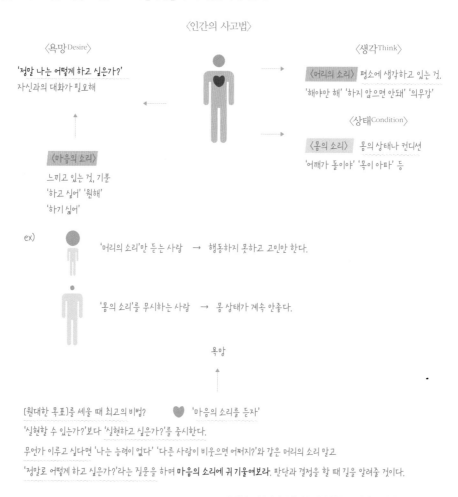

〈인간의 사고법〉

〈욕망Desire〉

'정말 나는 어떻게 하고 싶은가?'
자신과의 대화가 필요해

〈생각Think〉

〈머리의 소리〉 평소에 생각하고 있는 것.
'해야만 해' '하지 않으면 안돼' '의무감'

〈상태Condition〉

〈몸의 소리〉 몸의 상태나 컨디션
'어깨가 돌이야' '목이 아파' 등

〈마음의 소리〉

느끼고 있는 것, 기분
'하고 싶어' '원해'
'하기 싫어'

ex)

'머리의 소리'만 듣는 사람 → 행동하지 못하고 고민만 한다.

'몸의 소리'를 무시하는 사람 → 몸 상태가 계속 안좋다.

욕망

[원대한 목표]를 세울 때 최고의 비법?   ♥ '마음의 소리를 듣자'

'실현할 수 있는가?'보다 '실현하고 싶은가?'를 중시한다.

무언가 이루고 싶다면 '나는 능력이 없다' '다른 사람이 비웃으면 어쩌지?'와 같은 머리의 소리 말고

'정말로 어떻게 하고 싶은가?'라는 질문을 하며 **마음의 소리에 귀 기울여보라.** 판단과 결정을 할 때 길을 알려줄 것이다.

― 오히라 노부타카 《게으른 뇌에 행동 스위치를 켜라》 중에서

원대한 목표를 이루고 싶은 당신, 마음의 소리대로 움직이면 된다.

#009
성공하는 사람들의 가치관은 우선순위가 다르다

#관계가중요해 #달성이 중요해 #기술이중요해

■ **당신의 가치관은 무엇인가요?**

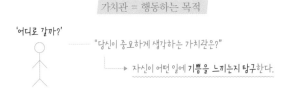

가치관 = 행동하는 목적

'어디로 갈까?'

"당신이 중요하게 생각하는 가치관은?"

▶ 자신이 어떤 일에 **기쁨**을 느끼는지 **탐구**한다.

'왜 그 일을 하고 싶은가?'에 답하려면 자신의 가치관이 어떤지 알아야 한다.

〈가치관의 종류〉

① 다른 사람과의 관계

감사, 인연이 깊어짐을 중시, '고마워'에 동기부여가 되는 사람, 부하나 후배의 육성, 성장에 관심

② 달성

목표 달성, 어려운 문제 극복을 중요하게 생각함. 신기록 달성, 자신의 성장과 승진, 승급, 성취에 의욕을 보임.

③ 기술의 추구

전문성, 자신의 의사나 개성이 존중 받는 것을 중요시함. 독창성, 독자성 추구, 개발과 연구, 창의적인 공부를 좋아함.

사고의 기본이기에 세 가지 모두 중요하지만 사람에 따라 **우선순위**가 다르다.

자신이 가장 중요하다고 생각하는 가치관을 바탕으로 **'무엇을 위해서?',**

'누구를 위해서'를 생각한다면 자신에게 맞는 목적을 설정할 수 있다.

ex) 다이어트
① '다른 사람과의 관계' 가치관 → 살을 빼서 연애를 하고 싶다.
② '달성' 가치관 → 3개월 안에 체중 10kg 감량하여 개인 최저 몸무게를 갱신한다.
③ '기술의 추구' 가치관 → 식사를 조절하고 운동 계획을 세워 독자적인 다이어트 비법을 개발한다.

사람은 각자의 가치관대로 살아가게 된다. 자신이 가장 중요하다고 생각하는 가치관대로 판단하고 결정한다.

계획이 항상 수포로
돌아가는 데는 이유가 있다

#계획이수포로돌아가는이유 #내맘대로코끼리 #이성과감정사이

■ 당신의 마음에는 '최고 결정권자'가 있나요?

"우리는 자신의 행위를 완전히 제어할 수 없을지도 모릅니다. 우리의 마음에는 자신의 행위를 결정할 수 있는 '최고 결정권자'가 없습니다. 우리의 마음은 오히려 여러 부분으로 나뉘어 있는데 **부분마다 저마다의 생각**이 있고, 때로는 각 부분의 **의견**이 서로 **충돌**하기도 합니다.

– 사회심리학자 조너선 하이트 《행복의 가설》

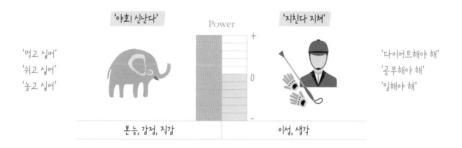

'머고 싶어'　　　'야호! 신난다'　　Power　　'지친다 지쳐'　　'다이어트해야 해'
'쉬고 싶어'　　　　　　　　　　　+　　　　　　　　'공부해야 해'
'놀고 싶어'　　　　　　　　　　　0　　　　　　　　'일해야 해'
　　　　　　　　　　　　　　　　　–
　　　　　　　본능, 감정, 직감　　　　　　이성, 생각

"나의 기수가 나에게 어느 길이 맞는지 알려줬지. 하지만 마음 속 코끼리는 나를 잘못된 방향으로 데려갔어."

– 메레이아

↓

∨ 욕망과 이성사이에서 배회하는 이유

∨ 계획이 항상 수포로 돌아가는지에 대한 대답.

계획은 **이성**(기수)이 세우지만, 계획을 **실행할 때**는 항상 **감정**(코끼리)의 영향을 받기 때문.

But, 코끼리를 탄 기수는 지쳤다!!

의지력을 발휘하면 코끼리를 통제할 수 있지만 유감스럽게도 [인간의 의지력]은 한계가 있다.

즉, 코끼리를 탄 기수가 오랜 시간 통제하면 지치게 된다.

– 황양밍·장린린 《심리학이 불안에 답하다》 중에서

본능과 이성 사이에서 헤매는 것은 모든 인간의 공통된 특성이다. 그 중 성공하는 사람들 대부분은 마음속 최고 결정권자와 손을 잡는다.

#011
성공하는 사람들이
언제나 평온해 보이는 이유

#곤경탈출5단계 #정서안정성 #감정콘트롤

■ 당신의 정서는 안녕하십니까?

"불필요한 감정 소모를 하지 않는 사람은 다른 이들에게 안정감을 준다. 그들은 다른 사람과 자신에게 상처를 주지 않는다. 문제를 일으키지 않고 다른 사람을 귀찮게 하지도 않는다."
— 중국의 저명한 학자 린위탕의 말

[감정]을 안정시키는 방법은?

① 주의력 분산 : 감정이 화산처럼 폭발하기 전에 주의력을 분산시킨다.

      ex) 게임을 하거나 영화를 보거나, 배 부르게 먹거나, 낮잠을 자거나, 글쓰기를 하거나 … 음악, 미술, 산책 등 뭐든 좋다.

      집중할 수 있는 [다른 것]에 시간과 에너지를 쓴다.

② 곤경 탈출 5단계 : 3w2o 법칙

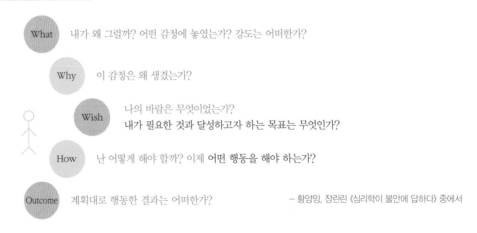

What 내가 왜 그럴까? 어떤 감정에 놓였는가? 강도는 어떠한가?

Why 이 감정은 왜 생겼는가?

Wish 나의 바람은 무엇이었는가? 내가 필요한 것과 달성하고자 하는 목표는 무엇인가?

How 난 어떻게 해야 할까? 이제 어떤 행동을 해야 하는가?

Outcome 계획대로 행동한 결과는 어떠한가?

— 황양밍, 장린린 《심리학이 불안에 답하다》 중에서

성공하는 사람들은 정서 관리에 능하다. 일을 잘하면서도 일이 없는 사람 대부분은 감정 통제를 제대로 못 하기 때문이다.

삶의 궁극적인 목적은 우월해지는 것이다

#우월은열등감의보상이다 #알프레드아들러 #개인발달의동기

▪ 당신은 지금 우월한가요?

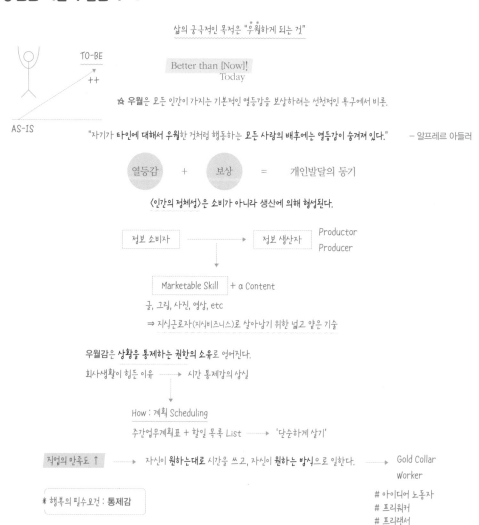

삶의 궁극적인 목적은 "우월하게 되는 것"

TO-BE
++

Better than [Now]!
Today

✿ 우월은 모든 인간이 가지는 기본적인 열등감을 보상하려는 선천적인 욕구에서 비롯.

AS-IS

"자기가 타인에 대해서 우월한 것처럼 행동하는 모든 사람의 배후에는 열등감이 숨겨져 있다." — 알프레르 아들러

열등감 + 보상 = 개인발달의 동기

〈인간의 정체성〉은 소비가 아니라 생산에 의해 형성된다.

정보 소비자 ───────▶ 정보 생산자   Producer
                                     Producer

Marketable Skill + α Content

글, 그림, 사진, 영상, etc

⇒ 지식근로자(지식비즈니스)로 살아남기 위한 넓고 얕은 기술

우월감은 상황을 통제하는 권한의 소유로 얻어진다.

회사생활이 힘든 이유 ───▶ 시간 통제감의 상실

How : 계획 Scheduling

주간업무계획표 + 할일 목록 List ───▶ '단순하게 살기'

직업의 만족도 ↑ ───▶ 자신이 원하는대로 시간을 쓰고, 자신이 원하는 방식으로 일한다. ───▶ Gold Collar Worker

\# 아이디어 노동자
\# 프리워커
\# 프리랜서

✻ 행복의 필수요건 : 통제감

— 신정철 《메모 습관의 힘》 중에서

삶의 궁극적인 목적은 지금보다 더 나은 사람이 되는 것이다. 퍼스널 브랜딩은 현재의 나(ASIS)가 아니라 우월해
진 미래의 나(TOBE)가 되는 것이다.

013

당신의 전성기는
당신에게 오는 중이다

#과정의발견 #21년전성기주기그래프 #전성기설계전략

■ **당신의 전성기는 어디를 지나고 있나요?**

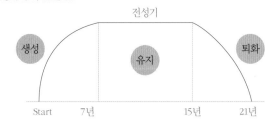

[21년 전성기 주기 그래프]

재능으로 먹고 사는 사람에게는 생성 - 유지 - 퇴화의 21년 전성기 주기가 있다.

〈전성기 설계 전략〉

N - C -L 직업그래프

어떤 일이던 Navigating을 통해 찾으면 온·오프라인 성과를 연결 Connecting 하고, 최고의 때가 올 때까지 **자동반복**Looping 하면 누구든 전성기를 맞이할 수 있다.

— 조연심 《과정의 발견》 중에서

자신의 재능으로 살아가는 사람에게는 21년 전성기 주기 그래프가 있다. 7년을 서서히 올라가고 7년을 서서히 유지하고, 다시 7년을 서서히 쇠퇴하는 것이다. 당신의 재능은 현재 어느 과정을 지나가고 있는가?

014

성공하는 브랜드에는 북극성이 있다

#북극성을향해가라 #퍼스널브랜딩에도공식이있다

#멈추지말고가라

■ 당신의 Pole Star는 무엇인가요? _ '북극성'

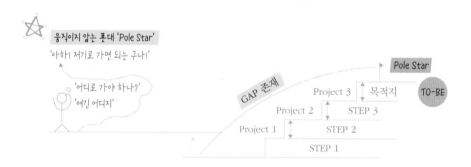

움직이지 않는 푯대 'Pole Star'
'아하! 저기로 가면 되는 구나!'

'어디로 가야 하나?'
'여긴 어디지'

GAP 존재

Pole Star

Project 3 ┐ 목적지
Project 2 │ STEP 3
Project 1 │ STEP 2
STEP 1

TO-BE

AS-IS

start
현재의 나
보이는 나

※ 성공적인 브랜딩이란 현재의 나가 아닌 미래의 나로 보여지기 위한 단계별 프로젝트를 통해 축적된 데이터로 만들어가는 과정이다.

But

'미래의 나'는 북극성(Pole Star)의 역할을 하며 현실적인 문제, 재능, 조직, 경제적 문제, 실패, 좌절 등을 극복하고 계속 나아갈 의의와 힘을 만들어 준다.

— 조연심 《퍼스널 브랜딩에도 공식이 있다》 중에서

'현재의 나'와 '미래의 나' 사이에 존재하는 갭(GAP)을 성공적으로 좁히기 위해서는 '미래의 나'를 북극성으로 고정시켜야 한다. 움직이지 않는 푯대, 북극성(Pole Star)은 흔들리는 현재의 당신에게 안전하게 길을 안내해 줄 것이다.

논어 1장 학이편에서 퍼스널 브랜딩의 답을 찾다

#오십에읽는논어 #최종엽 #퍼스널브랜딩에도공식이있다

■ 공자에게 〈퍼스널 브랜딩〉을 묻다
퍼스널 브랜드가 되는 세 가지 방법(feat. 논어)

1단계 : '배우고 때때로 익히니 기쁘지 아니한가'

무엇을 하고 싶다면 **일단 배우기**를 시작하라
책을 읽고, 사람을 만나고, 직접 익혀라.

배움
익힘

2단계 : '친구가 먼 곳에서 오니 즐겁지 아니한가'

함께 하는 사람들과의 **관계를 소중히** 하라
커뮤니티가 답인 세상에서 뜻을 함께 하는
사람을 만나고 함께 하는 것도 공부다.

함께
성장

3단계 : '남이 알아주지 않아도 서운해하지 아니하니 군자가 아니겠는가?'

잘 할 때나 못 할 때나 **멈추지 않고 갈 수 있다면**
당신이 원하는 바를 반드시 이룰 것이다.

확신
지속

∴ 공자가 말하길,

무엇이든 배우고 익히면 시작할 수 있고, 함께 하는 사람들을 즐겁게 할 수 있다면 잘 하고 있는 것이며, 남들의 칭찬이나
비난에도 멈춤 없이 나아갈 수 있다면 자신만의 [브랜드]를 가질 것이다.

— 최종엽 《오십에 읽는 논어》 중에서

공자가 말하는 퍼스널 브랜딩에도 공식이 있다. 배우면 시작할 수 있고, 즐거우면 잘하는 것이고, 시시비비에도
멈추지 않으면 당신만의 [브랜드]를 가질 것이다.

#016
아이디어로 브랜드 창업은
어떻게 하나요?

#비즈니스스쿨 #why_it? #why_me?

■ 아이디어가 비즈니스가 되어가는 과정
비즈니스 스쿨 IBFS 모델

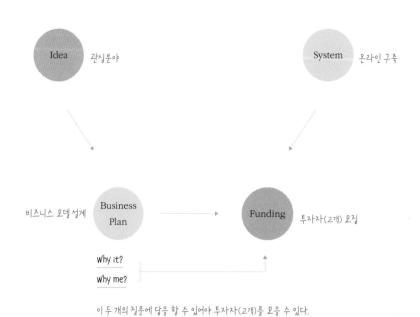

Idea 관심분야

System 온라인 구축

비즈니스 모델 설계 Business Plan

Funding 투자자 (고객) 모집

why it?
why me?

이 두 개의 질문에 답을 할 수 있어야 투자자(고객)를 모을 수 있다.

당신의 비즈니스가 성공하기 위해서는 "왜 그것을 사야(해야) 하는가?"와 "왜 당신에게 사야(해야) 하는가?"에 답하는 것이다.

2장

퍼스널 브랜딩의 쓸모

Branding

오랫동안 팔리는 브랜드에는 특별한 공식이 있다

■ Data, Treand, Culture, Human

■ 단계의 인식

■ 스터디셀러

017

사랑받는 브랜드에는
그럴만한 과정이 있다

#랜드마크 #러브마크 #퀘스천마크

■ "How to be a Brand"

어쨌거나 팔리는 브랜드에는 특별한 공식이 있다. 잘 만드는 것은 기본이고, 잘 만든 것처럼 보이는 것도 또 다른 기본이다. 기본이 튼튼하다는 평판이 쌓여야 좋은 브랜드로 인식될 수 있다.

#018
고객의 지갑은
저글러스의 손에 달렸다

#고객은저글러스 #기능적편익 #감정적느낌

더 싼
더 편리한

Benefit

Feeling

이해 받고
격려 받고
존중 받고

I'm a Juggler.

성공하는 브랜딩 전략 = 기능적 편익 × 감성적 느낌

당신이라는 브랜드를 만나면 고객의 머리와 가슴에 두 가지가 남는다. 고객의 입장에서 '나한테 뭐가 이득인 거지?', '이 사람 믿을 수 있을까?' 결국 퍼스널 브랜딩은 타인에게 무언가 인상(Impreesion)을 남기는 것의 연속이다.

019

나의 쓸모 있음은
어떻게 증명하나요?

#검색가능한 #거래가능한 #지속가능한

포트폴리오	콘텐츠 형식			
	영상	이미지	텍스트	사진
메인채널 블로그	○	○	○	○
서브채널 선택	유튜브 틱톡	인스타그램	브런치	인스타그램

\# 검색 가능한   \# 거래 가능한   \# 지속 가능한

⇒ 포트폴리오 데이터 축적

∨ **자타공인 포트폴리오의 조건**

자격증 말고 **포트폴리오**　　열정, 노력 축적의 시간　　데이터

사람들은 자신이 전문가라고 여기는 사람에게 지갑을 연다. 당신이 해당 분야 전문가임을 증명할 수 있으려면 해당 분야와 관련된 자격을 갖춰야 하고, 경력이 쌓여야 하며, 온-오프라인 모두에서 검색되어야 한다.

오랫동안 팔리는 브랜드에는 특별한 공식이 있다

#오래가는브랜드 #인간의본질에집중 #스테디셀러에도공식이있다

■ **사람이 이해할 수 있는 4가지 영역은?**

Q : 만약 이 물건을 1000년 후의 사람이 발견한다면 어떻게 쓰는 물건일지 알 수 있을까?

1. DATA : 숫자, 스펙, 가격, 만국공통

2. TREND : 일상생활, 공유가능한 감각 트렌드

3. CULTURE : 문화적인 요소, 뭔지 모를 편안함

4. HUMAN : 사람의 본질적인 부분, 직감, 본능, 몸이 저절로 반응하는 것, 맛, 공포 등
ex) 맛있어 보인다/맛없어 보인다

＊상품을 기획할 때 어느 단계까지 의식하느냐에 따라 그 상품이 한 시절 한정 상품으로 끝날지, 스테디셀러가 될지 결정된다.

스테디셀러는 Data 〈 Trend 〈 Culture 〈 Human

– 사토 오오키 《넨도의 문제해결연구소》 중에서

스테디셀러가 되기 위해서는 사람이 이해할 수 있는 영역에 어필해야 한다. 오래도록 사랑받는 스테디셀러는 DATA < TREND < CULTURE < HUMAN 순서로 만들어진다.

021

좋은 브랜드의 핵심은
무엇인가요?

#좋은브랜드의핵심 #브랜드인지도 #브랜드이미지

■ 좋은 브랜드의 핵심
하면 떠오르는 것!

Q : 운동화 브랜드 7개를 떠올려보세요.
1. 나이키 2. 아디다스 3. 탐스슈즈 4. 뉴발란스 5. 컨버스 6. 닥터 마틴 7. 버켄스탁 …

⇒ 가장 먼저 떠오르는 브랜드가 '브랜드 지식'이 강력하게 연결된 것.

↓

브랜드 자산 = 브랜드 지식의 축적이 최적화되어 쌓이는 가치

[B] 브랜드 관련 정보를 꾸준히
↑ 오랜 시간 일관성 있게 전달

브랜드 인지도   **브랜드 이미지**

- 브랜드 회상 : 떠올릴 수 있는 것   목적 : 강력한 브랜드 연상 구축
- 브랜드 재인(인식) : 알아볼 수 있는 것
- 브랜드 연상 : 긍정(++) 또는 부정(--) ⇒ 소비자는 모든 연상들의 부호값을 계산하지 않는다.
                                  통합된 평가의 결과가 브랜드의 이미지가 된다.

      강력하게 ⇒ 애플(감성, 신세대, 강각적, 일잘알)
      독특하게 ⇒ 시몬스(흔들리지 않는 매트리스 광고 시리즈)

좋은 브랜드의 핵심은 OO하면 바로 떠오르는 것이다. 가장 먼저 떠오르는 브랜드에는 '브랜드 지식'이 강력하게 연결되어 브랜드 자산 가치가 높다. 결국 해당 분야 관련 축적된 지식의 최적화가 당신의 '센스있음'을 만든다.

022

1위 브랜드는
어떻게 만들어지나요?

#성공학개론 #정답은없다 #해답을만들어갈뿐

■ 와디즈, 롯데홈쇼핑, 자사몰 20억 판매신화
흑당고 이수향 대표가 말하는 성공하는 브랜딩 방식 3P

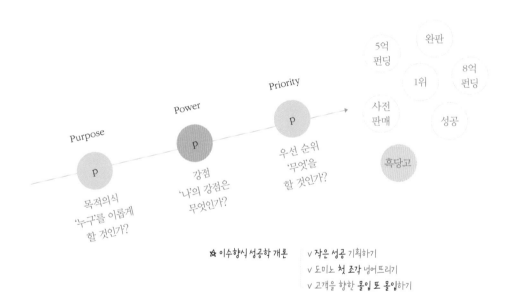

Purpose
P
목적의식
'누구'를 이롭게
할 것인가?

Power
P
강점
'나'의 강점은
무엇인가?

Priority
P
우선 순위
'무엇'을
할 것인가?

5억 펀딩
완판
1위
8억 펀딩
사전 판매
성공
흑당고

✿ 이수향식 성공학 개론
∨ 작은 성공 기획하기
∨ 도미노 첫 조각 넘어뜨리기
∨ 고객을 향한 몰입 또 몰입하기

성공학에는 불문율이 있다. 다른 사람의 성공법대로 따라 해서 성공하는 것이 아니라, 누구든 성공하면 그 방식이 그대로 성공법이 된다. 결국 누구나 자신만의 성공학개론이 존재한다는 말이다.

023

팔지 않고 팔리게 만드는 브랜딩은 어떻게 하나요?

#마케팅 #브랜딩 #지속가능한성장

■ **팔지 않고 팔리게 만드는 브랜딩**

마케팅	4P Mix	브랜딩
제품을 만들고	Product	보이지 않는 **가치**를 눈에 보이는 것으로 **구현**하고
가격을 책정하고	Price	가질 수 있는 것으로 **전환**하여
고객접점을 찾고	Place	끊임없이 **고객**과 대화할 수 있는 공간을 찾아
최대한 많이 파는	Promotion	전하고 싶은 메시지가 더 빨리 전파될 수 있는 **스마트한 전략**을 찾는 일

발췌 : 유니타스브랜드 《브랜딩 임계지식 사전》 중에서

✿ 브랜딩은 마케팅의 목적인 '양적성장'을 견고하게, 또 오래동안 유지시키는 스마트한 전략!

#지속가능한

마케팅과 브랜딩의 공통점은 무언가를 남기는 것이다. 마케팅은 이윤(profit)을 남기고, 브랜딩은 인상(impression)을 남긴다. 브랜딩은 마케팅의 목적인 '양적성장'을 지속 가능하게 만드는 똑똑한 전략이다.

024

쉽게 피로해지는 뇌가
선택하게 되는 알고리즘

#결정피로해결 #단일한비전 #명확한가치

■ **결정피로(decision fatigue) 해결이 중요!**

ꛟ 당신에게 잘 어울리는 〈단 한 세트〉

ꛟ 친절한 **맞춤식** 구매 경험

ꛟ **원스톱** 구매사이트

시작하기 쉬운 이유 ⇒ 브랜드가 제시하는 가치가 **명확**하기 때문

ex) 모두가 좋아하지만 그다지 친절하지 않은 기업 #아마존

하나만, 그것도 아주 잘 팔았다

ex) 드라이바 창업

'커트 노, 염색 노, 드라이만 해요!' 'No cuts, No color, Just Blowouts!'

브랜드가 집중할수록 철저하다는 느낌, 양보다 질을 중시한다는 보상을 준다.

브랜드에 **단일한 비전**이 있을 때 소비자의 **신뢰**를 얻기도 쉽다.

— 에밀리 헤이워드 《미치게 만드는 브랜드》 중에서

☆ 브랜딩은 주력분야인 바구니 하나만 생각하고 **오로지 바구니에만 신경쓰면** 되는 것이다.

자신에 대해 구구절절 설명하면 상대방의 뇌는 피곤함을 느끼고, 결국 당신으로 가는 관심을 차단시켜버린다. 기억시켜야 할 단 한 가지에 집중해야 하는 결정적인 이유다.

025

일단 잘 할 수 있다고 먼저 선포하라

#유능해보이는법 #잘난척도실력 #긍정선언

■ 누가 제일 유능해보일까?

'난 할 수 있어!'

'겸손이 미덕'

'저게 약속하고 더 해주어라'

⇒ 처음부터 기대치를 낮추는
고귀한 겸손을 보인다.

'딱 그만큼만'

⇒ 정확하게 예상되는 성과만큼
만 약속한다.

'허풍쟁이 모델'

⇒ 자신감으로 탁월한 결과를
예측한다

미국 심리학자 **베리 슐렝키**와 마크 리어리 연구결과

"자신의 성과에 대해 **높은 기대치**를 내보일수록 유능해 보인다."

✿ 과제 수행 전, 기대하는 결과에 대해 언제나 긍정적, **최고의 성과**를 자신하라.

– 잭 내셔 《어떻게 능력을 보여줄 것인가》 중에서

'제가 할 수 있습니다.' 강력한 선포가 확실한 성과를 이끈다. 그리고 사람들은 그 성과를 기억해준다. 일단 잘할 수 있다고 먼저 선포하라. 공개하면 약속을 지키기 위해서라도 최선을 다하게 되어 있다.

026

능력이 있다는 것을
보여주는 것도 능력이다

#명성과실제능력은무관 #능력도중요 #능력있어보이는것도중요

■ 명성과 실제 능력은 무관하다

능력은 그 자체로 빛을 발하지 않는다.

신뢰는 '하기로 한 것'을 '기한 내'에 '기대한 수준 이상' '해낸 것'의 '반복'으로 쌓인다.

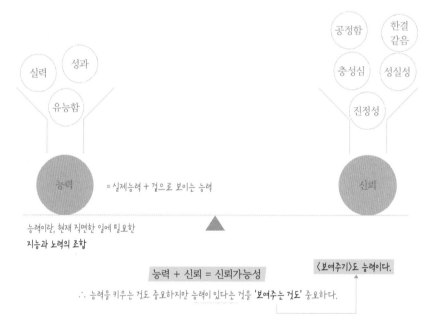

능력이란, 현재 직면한 일에 필요한
지능과 노력의 조합

능력 + 신뢰 = 신뢰가능성

∴ 능력을 키우는 것도 중요하지만 능력이 있다는 것을 **'보여주는 것도'** 중요하다.

〈보여주기〉도 능력이다.

– 책 내서 《어떻게 능력을 보여줄 것인가》 중에서

잘하는 것과 잘하는 것처럼 보이는 것 모두를 잘 해내야 하는 세상이다. 성공적인 브랜딩은 나만 아는 영역을 타인도 아는 영역으로 바꿔야 한다. 결국 보여주기도 능력이다.

027

일의 가치에도 서열이 있다

#일의가치 #서열높은일을하라 #관계맺기가제일어렵다

▪ 평균은 평범을 만들고 실패로 이끈다

〈가치의 서열〉

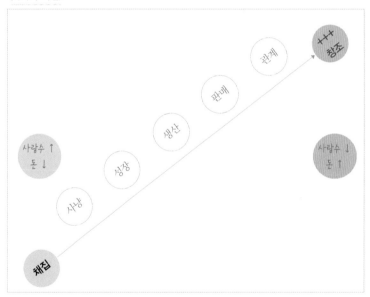

자신의 가치에 걸맞는 것을 얻고 싶다면

- 무조건 튀어야 한다.

- 감정 노동을 해야 한다.

- 꼭 필요한 사람처럼 보여야 한다.

― 세스 고딘 《린치핀》 중에서

자신의 가치에 걸맞은 것을 얻고 싶다면 어떻게 일해야 할까? 첫째, 무조건 튀어야 한다. 둘째, 감정 노동을 해야 한다. 셋째, 꼭 필요한 사람처럼 보여야 한다. 어쨌거나 일은 힘든 것이다.

028

담장이 높을수록 담장 안이 궁금해진다

#진입장벽효과 #높은담장효과 #희소성에대한집착과갈구이용

■ 담장이 높을수록 담장 안이 더 궁금해진다

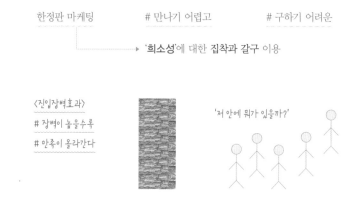

한정판 마케팅　　　# 만나기 어렵고　　　# 구하기 어려운

▶ '희소성'에 대한 집착과 갈구 이용

〈진입장벽효과〉

장벽이 높을수록

만족이 올라간다

'저 안에 뭐가 있을까?'

〈진입장벽 높이는 방법〉

① 가격의 장벽
② 특정 지역에서만 판매(특산품 등)
③ 특정 시간에만 판매('타임한정판매' '홈쇼핑 판매전략')
④ 한정된 수량만 판매

〈한정판 마케팅 성공법〉

① 매력적인 제품력은 기본
② 현재의 가치보다 오르거나, 최소한 떨어지지 않기
③ 유통망 관리 철저, 누수현상x
④ 한정판 마케팅의 존재와 진입 장벽이 얼마나 높은지 적극적으로 홍보 필요

– 신인철 《나는 하버드에서 배워야할 모든 것을 나이키에서 배웠다》 중에서

한정판 마케팅이 성공하는 이유는 고객을 안달 나게 하기 때문이다. 몇 개 없고, 그때 외에는 못 사고, 몇 명 외에는 가질 수 없게 하라. 당신의 위상은 올라가게 되고, 당연히 비싼 가격도 문제가 되지 않게 될 것이다.

029

일잘러 말고 일될러가 되라

#성과우선주의 #결과중심주의 #일이되게하라

■ 일이 되게 하는 사람들의 일하는 법

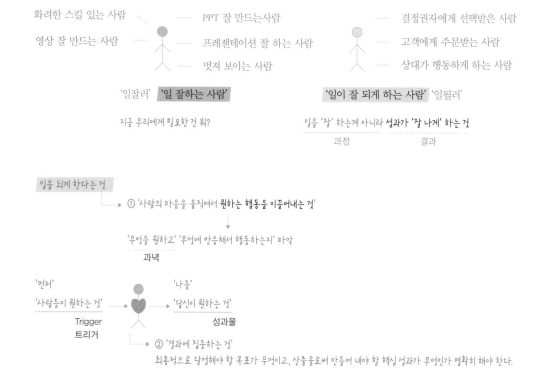

가치관 = 행동하는 목적

화려한 스킬 있는 사람 ——— PPT 잘 만드는사람 ——— 결정권자에게 선택받은 사람

영상 잘 만드는 사람 ——— 프레젠테이션 잘 하는 사람 ——— 고객에게 주문받는 사람

——— 멋져 보이는 사람 ——— 상대가 행동하게 하는 사람

'일잘러' **'일 잘하는 사람'**   **'일이 잘 되게 하는 사람'** '일될러'

지금 우리에게 필요한 건 뭐?   일을 '잘' 하는게 아니라 성과가 '잘 나게' 하는 것

과정   결과

일을 되게 한다는 것

→ ① '사람의 마음을 움직여서 원하는 행동을 이끌어내는 것'

'무엇을 원하고' '무엇에 반응해서 행동하는지' 파악

과녁

'먼저'   '나중'

'사람들이 원하는 것' → '당신이 원하는 것'

Trigger   성과물
트리거

→ ② '결과에 집중하는 것'

최종적으로 달성해야 할 목표가 무엇이고, 산출물로써 만들어 내야 할 핵심 성과가 무엇인가 명확히 해야 한다.

※ '일이 되게 하려면' 과정에 매몰되지 않고 반드시 [결과]를 중심에 놓고 판단해야 한다. **목표로 하는 결과가 확실해야**
올바른 방향으로 **성장**하고, 종국에는 '원하는 것을 얻을 수 있다'.

– 조용민 《언바운드》 중에서

언제나 성과를 만들고 싶다면 '일잘러' 말고 '일되러'가 되어야 한다. 일이 되게 하려면 과정에 매몰되지 않고 반드시 [결과] 중심으로 판단해야 한다. 사람들이 원하는 것을 먼저하고, 당신이 원하는 것을 나중에 얻으면 된다.

030

적당한 수의 선택지가
구매 결정을 돕는다v

#적당한수의선택지 #카테고리세분화 #큐레이션서비스

■ 적당한 수의 선택지가 구매결정을 돕는다

Q : 몇 개의 선택지가 적당한걸까?

(정답은 2번)

1. 2개의 펜

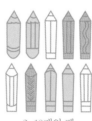

2. 10개의 펜

3. 16개의 펜

선택지가 지나치게 적거나 많기보다는 **적당할 때** 소비자의 **[구매 가능성]**이 증가한다.

[선택의 패러독스 The paradox of Choice]

선택의 자유 → 정보 과부하 → 탐색비용증가 → 불만과 피로감 → 구매결정에 어려움

– 미국의 심리학자 배리 슈워츠

Q : 탐색비용을 줄이는
효과적인 전략은?

1) 카테고리 **세분화** ---- 소비자가 선택해야 할 고려 집합군의 크기를 세 개에서 다섯 개 정도로 줄여줄 것.

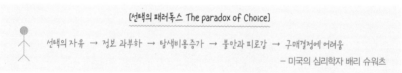

오늘의 메뉴는?

···	···	···
닭고기	지리	야채
양고기	매운탕	콩고기
돼지고기	광어회	샐러드
소고기	참치회	
고기파	생선파	비건파

2) **큐레이션** 서비스 ---- 구독 서비스가 통하는 이유 ex) 월간 롯데, 당근마켓 '겨울간식지도'

– 김지헌 《마케팅 브레인》 중에서

선택의 자유가 주어진다면 고객의 구매결정은 힘들어진다. 너무 많은 선택지도 고객의 뇌를 피곤하게 만든다. 고객의 탐색비용을 줄여주어야 구매가능성이 높아진다.

031

도대체 자아 정체감은 어떻게 찾는 걸까요?

#나는누구 #어떤사람 #자아정체감

■ 자아정체감은 어떻게 찾는걸까?

Who am I? ? 자아정체감은 어떻게 찾는걸까?

캐나다 심리학자 제임스 마샤 〈자아정체감〉 연구

1) 정체감 유실(Foreclosure)	2) 정체감 혼미(Identity diffusion)
부모가 의사니까 자신도 의사 자아정체감을 너무 빨리 확인. 별다른 탐색 없이 행동.	자신을 알지 못하고 이런 문제에 관심도 없이 그럭 저럭 살아가는 상태.
3) 정체감 유예(Moratorium)	4) 정체감 성취(Identity achievement)
자아탐색 위해 노력하지만 아직 답을 찾지 못함. 다양한 시도를 하지만 자신이 진짜 무엇을 좋아하 는지 찾지 못한 것 같아 불안하고 막막.	여러가지 시도와 탐색 과정 후 자신을 **명확하게 인** **지**하고 미래의 인생 방향과 목표 확정. 어려움. 좌절 에도 쉽게 흔들리지 않음.

자아를 빨리 발견하는 방법은?

방법1. 경계를 뛰어 넘는 다양한 시도

- 투잡, N잡러 경험, 갭이어

'자기 자신'은 눈에 보이는게 아니라 무언가에 부딪힌 후 튕겨 돌아와야 '자기'를 이해할 수 있다. 경험을 통해 마음 속 면모를 살펴야 진짜 자신을 찾을 수 있다.   – 일본 유명 디자이너 요지 야마모토

방법2. 지금의 나를 수용하고 나의 **가능성 탐색**하기

#끝임없이 #평생 #배워야 한다

"성장의 과정은 나선형으로 상승한다"

– 황양밍·장린린 《심리학이 불안에 답하다》 중에서

자기 자신은 눈에 보이는 게 아니라 무언가에 부딪힌 후 튕겨 돌아와야 진짜 '자기'를 이해할 수 있다. 생각이 아니라 경험을 통해 자신의 경계를 허무는 힘이 있어야 자아정체감을 찾을 수 있다.

032

나의 무기력함은
어떻게 떨쳐내야 하나요?

#에너지관리피라미드 #무기력한이유 #에너지배터리

■ 무기력을 떨쳐내려면 어찌해야 하나요?

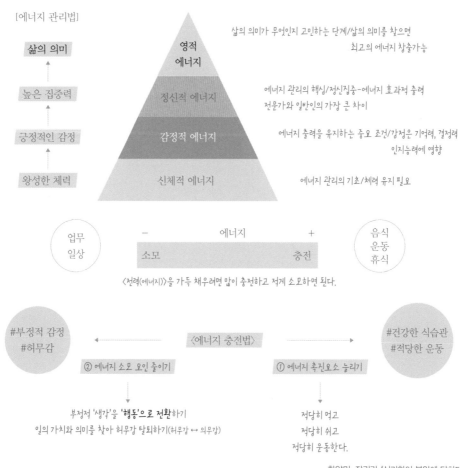

심리학자 짐 로허의 에너지 관리 피라미드

[에너지 관리법]

삶의 의미 → 영적 에너지 — 삶의 의미가 무엇인지 고민하는 단계/삶의 의미를 찾으면 최고의 에너지 창출가능

높은 집중력 → 정신적 에너지 — 에너지 관리의 핵심/정신집중-에너지 효과적 출력 전문가와 일반인의 가장 큰 차이

긍정적인 감정 → 감정적 에너지 — 에너지 출력을 유지하는 중요 조건/감정은 기억력, 결정력 인지능력에 영향

왕성한 체력 → 신체적 에너지 — 에너지 관리의 기초/체력 유지 필요

업무
일상

─ 에너지 +

소모   충전

음식
운동
휴식

〈전력(에너지)〉을 가득 채우려면 많이 충전하고 적게 소모하면 된다.

#부정적 감정
#허무감

〈에너지 충전법〉

#건강한 식습관
#적당한 운동

② 에너지 소모 요인 줄이기

① 에너지 촉진요소 늘리기

부정적 '생각'을 **'행동'으로 전환**하기
일의 가치와 의미를 찾아 허무감 탈퇴하기(허무감 ↔ 의무감)

적당히 먹고
적당히 쉬고
적당히 운동한다.

― 황양밍·장린린 《심리학이 불안에 답하다》 중에서

높은 성과를 만드는 사람의 비결은 에너지 효율을 높여 고도의 집중력을 발휘하는 것이다. 당신의 에너지 배터리를 가득 채우려면 많이 충전하고 적게 소모하라. 빨간 경고등을 무시하게 되면 언젠가는 '강제멈춤상태'가 된다.

033

1인 기업가에게는
반드시 친구가 필요하다

#친구도관리가필요하다 #용기이론 #집착은금물

■ 당신의 친구는 어떤 유형인가요?

1) '동반형' 친구	**2) '협력형' 친구**
– 버팀목, 절친, 형제 등 – 조건없이 나를 좋아하고 칭찬해주고 지지해주고 신뢰해줌. – 항상 당신 곁에 있다.	– 나와 비슷한 경력과 취미, 인생목표, 직업목표 소유. – 생각이 비슷하고 공동의 목표를 위해 노력한다.
3) '지도형' 친구	**4) '연결형' 친구**
– 일과 삶에서 이해할 수 없는 문제를 만났을 때 상황을 분석, 도움이 되는 충고를 해준다.	– 나를 다른 사람에게 소개해주며, 인맥을 넓힐 수 있게 이끌어준다. – 의욕적, 유쾌함, 인맥이 넓음.

[반드시 필요한 친구 유형 4]

※ 우정을 유지하기 위해 필요한 것들.

방법 1. 용기이론 : 나를 알아주는 **친구**와 나아가기
 – 호주 사회혁신전문가 리안 허버트

– 친구를 고정된 용기 안에 넣으면 우정을 더 쉽게 유지할 수 있다

용기 = '정기적으로 함께 어떤 일을 하는 것.' 예) 등산, 여행 등
자신들만의 경험을 용기에 담아 공유하면 마음이 더 잘 맞게 된다.

방법 2. 집착은 금물, 친구와 잘 이별하기
삶은 결국 외로운 여행. 갈림길에 닿을 때마다 친구가 기차에서 내리길 원하면 따뜻한 인사말과 함께 보내준다.

※ 친구를 사귀는 것은 어렵지 않다. **어려운 것은 우정을 유지하는 것이다.**

– 황양밍·장린린 《심리학이 불안에 답하다》 중에서

성공하는 1인 기업가가 되려면 반드시 친구가 있어야 한다. 우정을 유지하기 위해 정기적으로 함께 무언가를 하고, 헤어질 때는 집착하지 말고 잘 이별하는 게 중요하다.

034

상상을 현실로 만드는 도구, 퓨쳐 매핑을 도입하라

#상상을현실로만드는법 #퓨쳐매핑 #스토리씽킹

■ 상상을 현실로 만들 수 있는 도구, 퓨쳐매핑

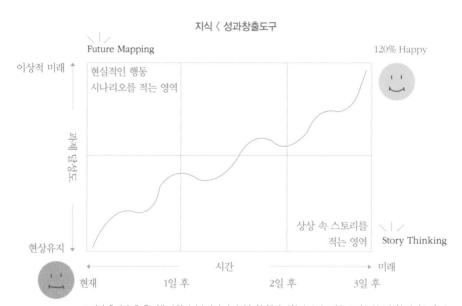

지식 〈 성과창출도구

Future Mapping — 120% Happy

이상적 미래

현실적인 행동
시나리오를 적는 영역

관계 달성도

상상 속 스토리를
적는 영역 — Story Thinking

현상유지

시간

현재　　　1일 후　　　2일 후　　　3일 후　　　미래

※ 선잠 들었다 꾼 꿈 덕분에 창의적인 발명 및 발견을 한 천재 과학자의 사고법을 그대로 차트화한 것 같은 효과.

〈행동 시나리오를 만드는 3단계〉

STEP 1.　스토리를 창작하여 아이디어를 확산한다. 일상탈피, 현실 벗어난 아이디어 방출

STEP 2.　불가능할거라는 자기 인식이 변화한다. '어쩌면 가능할 수도 있잖아!'

STEP 3.　아이디어를 수습해 행동 시나리오를 짠다. '그럼 해보자!'

－ 간다 마사노리 《스토리씽킹》 중에서

막연한 아이디어는 절대 현실이 되지 않는다. 아이디어를 구체적인 성과로 만들기 위해서는 행동 시나리오로 바꿔야 한다. 퓨처 매핑은 콘셉트, 이름(네이밍), 전략, 구성 등과 같이 새로운 아이디어를 찾을 때 특히 효과적이다.

#고객의문제정의 #생존과욕구사이 #인정욕구가중요해

■ 고객의 근본적인 문제는 무엇일까요?

"변화하고 싶어요."   VS   "변신하기 무서워"
간절히!

고객의 딜레마에 주의를 기울이라는 조언은 마케팅이나 브랜딩에서 흔히 듣는 문제다.

고객의 문제를 정의하는데 있어 당면하게 될 가장 큰 문제는 <u>고객도 고객의 문제를 정확히 모른다</u>는데 있다.

✿ 인간의 가장 고차원적인 욕구는 다른 사람에게 인정받고, 존경받는 사람으로 변신하는 것이다.

고객이 열망하는 정체성을 확인하는 최상의 방법 : 고객이 친구들에게 어떤 이야기를 듣고 싶은지 상상하는 것.

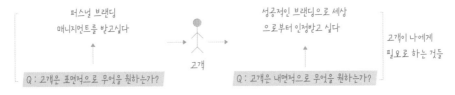

⇒ 고객의 근본적인 문제는 변신을 두려워하는 데 있다.

사람들은 자기 자신의 변화된 모습이 인정받을 수 있을까를 두려워한다. 이 긴장을 해소해야 고객이 움직이게 된다.

– 조연심 《퍼스널 브랜딩에도 공식이 있다》 중에서

고객의 가장 큰 문제 두 가지는 자신의 진짜 문제를 본인도 모른다는 것과 변화하고 싶다면서 변신하기 두려워한다는 것이다. 하지만 거의 대부분의 고객이 원하는 것은 '지금보다 나은 무언가'가 되는 것이다.

벤츠에는 있고 도요타에는 없다

▪ 당신의 비즈니스는 고객에게 어떤 가치를 약속하나요?

〈벤츠에는 있고 도요타에는 없는 것〉

야마구치 슈의 글

필요를 목적으로 사는 자동차는 보통 가격경쟁력이 우수한 몇몇 상품이 시장을 장악한다. 하지만 의미가 좋요한 페라리 같은 경우에는 **제품이 희소할수록 가치가 올라간다.** 그에 비례해 가격도 비싸진다.

※ 지금 당장 필요하지 않아도 의미가 있는 쪽이 더 가치가 높은 세상에서 어떤 전략으로 비즈니스를 할 것인가?

사용가치추구

'단 하나의 의자'

의미가치추구

사람들과 프로세스를 공유하고, 상품의 의미를 전달하는 '**프로세스 이코노미**'가 더욱 중요하다.

– 오바라 가즈히로 《프로세스 이코노미》 중에서

당신의 비즈니스는 사용가치와 의미가치 중 어디를 향해 있는가? 의미 있는 쪽이 더 가치가 높은 세상에서 지금 당장 필요하지도 않은 상품을 파는 전략은 '스토리'와 '희소성'으로 어필하는 것이다.

3장

퍼스널 브랜딩의 의미

Branding

카테고리 승자만 기억에 남는다

■ 1등의 존재

■ 카테고리

■ 승자의 조건

■ 당신은 자신을 어떻게 규정하나요?

브랜드 정체성은 AS-IS와 TO-BE를 규정하면서 찾아가는 것이다.

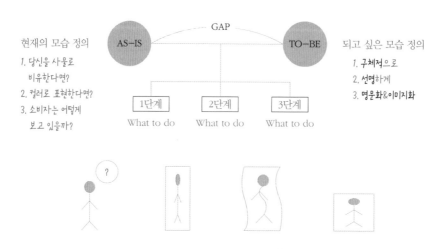

현재의 모습 정의

1. 당신을 사물로
   비유한다면?
2. 컬러로 표현한다면?
3. 소비자는 어떻게
   보고 있을까?

GAP

AS-IS   TO-BE

되고 싶은 모습 정의

1. 구체적으로
2. 선명하게
3. 명문화&이미지화

1단계	2단계	3단계
What to do	What to do	What to do

– 사토 오오키 《넨도의 문제해결연구소》 중에서

퍼스널 브랜딩에서 가장 중요한 단계는 당신 자신을 어떻게 규정하느냐다. 브랜드 정체성을 찾는 방법은 현재의 나(AS-IS)를 정의하고, 미래의 나(TO-BE)의 모습을 정의하는 것이다. 내가 스스로 규정한 모습대로 브랜딩이 된다.

038

어쨌거나 브랜딩에도 종점은 있다

#브랜딩종착역 #랜드마크 #러브마크

■ 브랜딩이란?

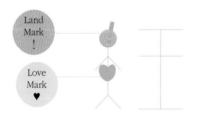

랜드마크 : 기억되는 것/Data/인지도/이성
FAB(Brand Identity)

러브마크 : 사랑받는 것/Intuition/감성·영감

Branding이란 사람들의 **머릿속에 들어가 기억되게 하고, 가슴 속에 들어가 좋아하게 하는 것**이다.

브랜딩이란 사람들의 머릿속에 들어가 나를 기억하게 하거나 가슴 속에 들어가 나를 좋아하게 하는 것이다. 브랜딩의 종착역은 랜드마크이거나, 러브마크 중 하나다.

039

어쨌거나 있어빌러티해야 주목받는다

■ BI와 VI는 하는 일이 다르다

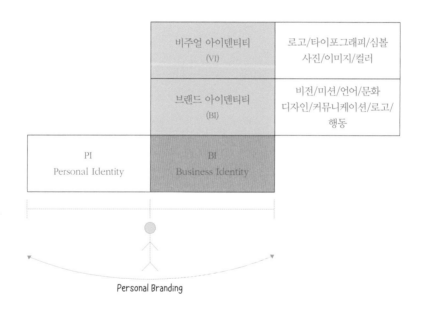

	비주얼 아이덴티티 (VI)	로고/타이포그래피/심볼 사진/이미지/컬러
	브랜드 아이덴티티 (BI)	비전/미션/언어/문화 디자인/커뮤니케이션/로고/ 행동
PI Personal Identity	BI Business Identity	

Personal Branding

신은 사람의 마음을 보지만 인간은 사람의 겉모습을 보고 판단한다. 성공적인 퍼스널 브랜딩에는 정체성을 글
로 명문화하는 과정과 브랜드 이미지를 만드는 과정이 필요하다.

■ 그 많던 1등은 다 어디로 간 것일까?

해마다 1등은 나온다. 하지만 그해 어떤 브랜드가 1위였는지 기억하는 사람은 없다.

피겨하면 김연아

국민MC하면 유재석

마케팅하면 필립 코틀러

주식하면 워렌 버핏

퍼스널 브랜딩하면 조연심

우리가 기억하는 건 <u>카테고리 1위</u>뿐이다. 당신은 어떤 카테고리에서 1위가 될 것인가?

_____하면 ○○○

마케팅에서 성공하려면 최초가 되거나, 최고가 되어야 한다. 브랜딩에서는 다른 공식이 더해진다. 최초가 되거나, 최고가 되거나, 최종이 되거나. 어쨌거나 자신이 속한 카테고리에서 승자가 되어야 한다.

#041
이유없이 사랑받는
사람은 없다

#비위맞추기 #의견의일치 #호감을얻는자기서술

■ 누가 더 친구가 많을까?

어떻게 하면 남들의
관심을 얻을 수 있을까?

저들의 관심은 뭘까?

"남들의 관심을 얻으려고 애쓰는 사람이 2년동안 얻은 친구보다,
다른 사람에게 관심을 갖는 사람이 2개월만에 얻은 친구가 더 많다."

― 데일 카네기 《인간관계론》 중에서

※ 인기를 얻기 위한 3가지 방법

1. 비위 맞추기 : 'I like you.'

　　하루 18대, 연간 평균 1,000대의 자동차를 판 조 지라드. 상대방의 특별한 점을 발견하고 상대방을 좋아한
　　다는 것을 일깨워줘라. 구체적인 칭찬. 존경거리를 찾아라. 상대방에게 충고를 구하라. 존경심의 최고치다.

2. 의견의 일치 : '카멜레온 효과' '나'보다 '우리'라는 말을 써라.

　　"흉내내기는 가장 솔직한 비위 맞추기의 방식이다."　　　　　　　　　　　― 오스카 와일드

　　핵심가치를 공유하라. 상대와 공통분모를 찾아라. 사람들은 자신과 같은 의견을 가진 사람에게 끌린다.

3. 호감을 얻는 자기서술 : '긍정적'인 사람처럼 보여라. '우등생 효과'

　　될 사람은 뭘 해도 되는 것처럼 보여라. 당신 자신에 대해 〈유능하게〉 소개하라.

　　개인적인 면을 드러냄으로써 호의를 이끌어내라.

　　　　　　　　　　　　　　　　　　　　　　　　　― 잭 내셔 《어떻게 능력을 보여줄 것인가》 중에서

데일 카네기의 〈인간관계론〉에 이런 말이 나온다. "남들의 관심을 얻으려고 애쓰는 사람이 2년 동안 얻는 친구보다 다른 사람에게 관심을 갖는 사람이 2개월 만에 얻는 친구가 더 많다." 인기에도 특별한 공식이 숨어 있다.

042

린치핀이 되거나
골드칼라가 되거나

#아이디어노동자 #골드칼라워커 #린치핀

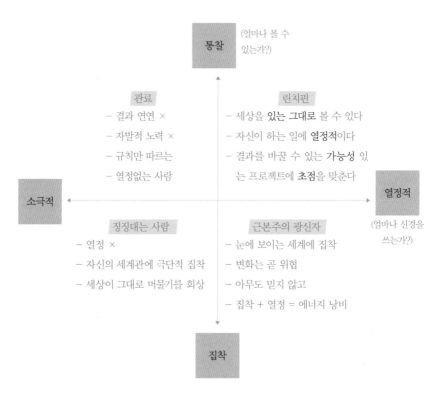

통찰 (얼마나 볼 수 있는가?)

관료
- 결과 연연 ×
- 자발적 노력 ×
- 규칙만 따르는
- 열정없는 사람

린치핀
- 세상을 **있는 그대로** 볼 수 있다
- 자신이 하는 일에 **열정적이다**
- 결과를 바꿀 수 있는 **가능성** 있는 프로젝트에 **초점**을 맞춘다

소극적

열정적 (얼마나 신경을 쓰는가?)

징징대는 사람
- 열정 ×
- 자신의 세계관에 극단적 집착
- 세상이 그대로 머물기를 회상

근본주의 광신자
- 눈에 보이는 세계에 집착
- 변화는 곧 위협
- 아무도 믿지 않고
- 집착 + 열정 = 에너지 낭비

집착

린치핀과 골드칼라 노동자는 닮았다. 자기주도적이고 스스로 결정하고 책임지고 결과를 만든다. 중요한 점은 자신만의 아이디어(생각)가 있고, 그 아이디어를 실현시킬 수 있는 지식과 역량을 갖춘 사람들이다.

– 세스 고딘의 《린치핀》 중에서

당신의 손에 주로 무엇이 들려 있는가에 따라 내가 누구인지가 달라진다. "결국 인간의 본성은 비슷하나 배우고 익히는 것에 따라 멀어진다."는 다산 정약용의 말처럼 어떤 일을 반복하던 결국 자신이 선택한 결과로 우리의 삶은 달라진다.

043

팔리는 능력에도 공식이 있다

#능숙한 #깊이있는 #경계없는

■ 팔리는 능력은 뭘까?

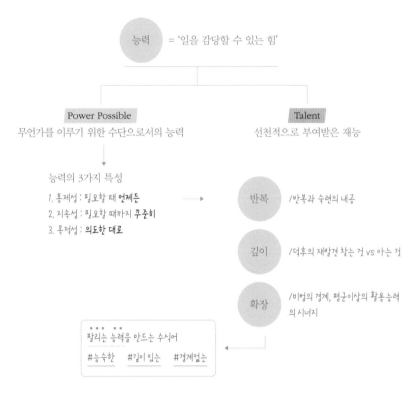

※ **능력**은 통제 가능하고, 지속적이야 하며, 목적달성을 위해 활용할 수 있어야 한다.

– 박창선 《팔리는 나를 만들어 팝니다》 중에서

팔리는 능력에도 공식이 있다. 첫째, 반복과 숙련으로 만든 내공은 언제든 통제 가능하다. 둘째, 하나에 깊이 파고 드는 덕후의 재능이 필요하다. 셋째, 한 분야의 고수는 다른 분야의 고수와 얼마든지 융합하고 시너지를 만든다.

044

좋아하는 것을 잘하는 것으로 바꾸어야 먹고 살 수 있다

#좋아하는것 #재미있는것 #잘하는것

■ 좋아하는 것 vs 잘하는 것 차이 알기

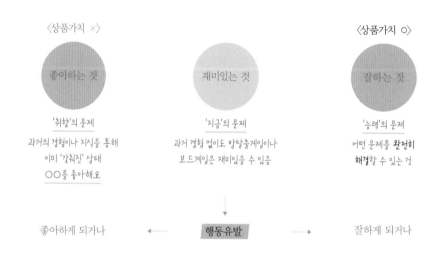

⟨상품가치 ×⟩

좋아하는 것

'취향'의 문제

과거의 경험이나 지식을 통해
이미 '갖춰진' 상태
○○를 좋아해요

재미있는 것

'지금'의 문제

과거 경험 없이도 방탈출게임이나
보드게임은 재미있을 수 있음

⟨상품가치 ○⟩

잘하는 것

'능력'의 문제

어떤 문제를 **완전히**
해결할 수 있는 것

행동유발

좋아하게 되거나 ← 행동유발 → 잘하게 되거나

※ 좋아하는 일을 [능력]으로 바꾸지 못하면 그저 좋아하는 일만 중독성 있게 한 것이다. '좋아하는 일로 돈을 벌고 살거야'
라는 명제는 스스로를 합리화하기에 최적의 수단이다.

– 박창선 《팔리는 나를 만들어 팝니다》 중에서

좋아하는 일을 [능력]으로 바꾸지 못하면 그저 좋아하는 일만 중독성있게 한 것이다. '좋아하는 일로 돈을 벌고 살 거야.'라는 명제는 스스로를 합리화하기에 최적의 수단이다.

045

최근에 만난 다섯 명의 사람이 나 자신을 설명해 준다

#최근관심사 #최근만난사람 #역량별멘토

■ 자기 자신에 대해서 간단하게 설명해 보세요
구글의 채용 인터뷰 중에서

'최근에 만난 다섯 명의 사람'이 나 자신을 설명해준다

매일 만나는 가족이나 친구, 직장 동료를 제외하고 어떤 사람을 만났는가가 자신의 관심사와 성장 목표를 확연히 보여준다. 이때 온·오프라인 만남, 강의 수강, 책 속의 멘토 등도 포함한다.

〈가장 좋은 교재, 사람〉

나에게 필요한 **역량**이 무엇인지 고민하고, 각 분야별 멘토를 찾는다.

당신에게 필요한 역량은 무엇이고, 그 역량과 관련된 **멘토**는 누구인가?

– 조용민 《언바운드》 중에서

최근에 만난 다섯 명의 사람이 나 자신을 설명해 준다. 가족이나 친구 외에 어떤 사람을 만났는가가 자신의 관심사와 성장 목표를 보여준다. 결국 가장 좋은 교재는 사람이다.

046

혜택이 달라지면
고객도 달라진다

#기능적혜택 #상징적혜택 #경험적혜택

■ 혜택에 따라 고객이 달라진다

합리적 < 감정적의사결정
#팬덤마케팅
#불매운동불사
#공정

5. 자존적 혜택
의리가 우선!
이이프기, **브랜드공명**

1. 기능적 혜택
문제해결이 핵심
가성비 중요

#공감
#강력한 기능적
차별화

#핵심은 **가격이 아니라 희소성**

2. 상징적 혜택   '이상적인 나' 표현욕구
남에게 뽐내고 싶은 과시욕 '기부행위'
자아 이미지, 사회적 지위,
집단소속감, 표현욕구

가격 ↑ 희소성 ↑ 수요 ↑
#Flex # 챌린지과정
#있어빌러티

재미있는 것

#CSR
#CSV
기업이 무엇을 만드는
가 vs 기업이 무엇에 신
경 쓰고 있는가
— 필립 코틀러
고객가치중심 마케팅
→ 사회지향적 마케팅

4. 이타적 혜택
사회에 기여하는 브랜드
#공생
#죄책감

3. 경험적 혜택
감각적 경험은 특별해
이케아 효과, 오감의 즐거움
음식을 눈으로 먹는 시대. 지저 즐거움
문제해결이 핵심
가성비 중요

– 김지헌 《마케팅 브레인》 중에서

지금은 무언가 필요해서 물건을 사는 시대가 아니다. 당신은 고객에게 어떤 혜택을 약속하고 있는가? 혜택에 따라 고객이 달라진다.

047

퍼스널 브랜딩에 있어서 중요한 세 가지는 무엇인가요?

#내가누구인지정의하고 #무엇을할것인지어필하고 #무엇을줄것
인지약속하라

■ Personal Branding에서 고민해야 할 것들

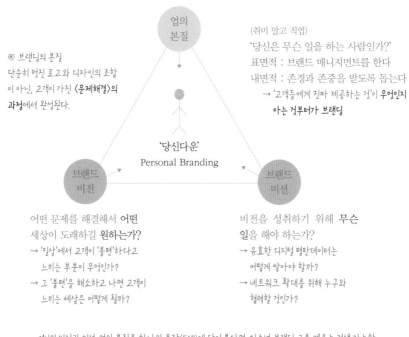

※ 브랜딩의 본질
단순히 멋진 로고와 디자인의 조합
이 아닌, 고객이 가진 〈문제해결〉의
과정에서 완성된다.

(취미 말고 직업)
'당신은 무슨 일을 하는 사람인가?'
표면적 : 브랜드 매니지먼트를 한다
내면적 : 존경과 존중을 받도록 돕는다
→ '고객들에게 진짜 제공하는 것'이 무엇인지
아는 것부터가 브랜딩

'당신다운'
Personal Branding

업의
본질

브랜드
비전

브랜드
미션

어떤 문제를 해결해서 **어떤**
세상이 도래하길 원하는가?
→ '일상'에서 고객이 '불편'하다고
느끼는 부분이 무엇인가?
→ 그 '불편'을 해소하고 나면 고객이
느끼는 세상은 어떻게 될까?

비전을 성취하기 위해 **무슨**
일을 해야 하는가?
→ 유효한 디지털 평판데이터는
어떻게 쌓아야 할까?
→ 네트워크 확대를 위해 누구와
협력할 것인가?

MU의 비전과 미션, 업의 본질을 하나의 문장(FAB)에 담아본다면, 퍼스널 브랜딩 그룹 엠유는 검색 가능한,
거래 가능한, 신뢰 가능한 비즈니스 평판을 매니지먼트함으로써 지속가능한 성취경험을 서비스합니다.

– 조연심 《퍼스널 브랜드대학》 M2 중에서

퍼스널 브랜딩에서 가장 중요한 것은 당신이 누구인지, 무엇을, 왜, 어떻게 하려고 하는지를 정의하는 것이다.
그것이 곧 업의 본질, 브랜드 미션, 브랜드 비전으로 나타난다.

048

고객을 내 편으로 만드는 기술, '또다른 AI'

#적응하기 #해석하기 #명료화하기 #큐레이션하기

■ 당신에게는 '또다른 AI'가 있나요?

미적지능 Aesthetic Intelligence , 혹은 '또다른 AI'

미적지능을 키우기 위해 여러 가지 접근법과 구체적인 연습들로 미적 근육을 만들고,
그 근육들을 이용해 고객을 내 편으로 만드는 과정 4단계

또다른 AI, 미적지능을 키우는 4STEP

1STEP '적응'(Attunement)

주위 환경과 그 속에서 받는 자극들이 어떤 효과를 내는지
예민하게 받아들이는 능력을 발전시키는 **연습과정**

4STEP '큐레이션'(Curation)

최대의 효과를 이루기 위해 다양한
소스와 이상들을 **조직, 통합, 편집**
하는 과정

2STEP '해석'(Interpretation)

감각기관이 자극을 받으면서 일어나는 긍정적이거
나 부정적인 감정들을 미적입장·선호·표현의 토대
를 형성하는 생각들로 **번역**해 내는 과정

3STEP '명료화'(Articulation)

팀원들이 전망을 이해할 뿐 아니라 신중히 수행
하도록 당신의 브랜드, 제품, 서비스의 미적 이상
을 분명하게 **표현**하는 과정

코코 샤넬 '우아함은 거절에서 비롯된다.(Elegance is refusal.)'라고 말했듯 미학을 달성하는 과정에서
'편집'에 관련된 지시는 정말로 중요하다.

— 폴린 브라운 《사고 싶게 만드는 것들》 중에서

고객의 85%는 품질이 아닌 '다른 무언가' 때문에 상품을 선택한다. 나를 상징하는 온갖 종류의 코드를 구성하는 방법을 알고 있는가? 로고, 재질, 냄새, 소리, 패키징까지 소유욕을 부르는 상품의 특별한 비밀이 곧 미적 지능, 또 다른 AI(Aesthetic Intelligence)다.

049

대부분의 구매 결정은
이성이 아닌 느낌에 좌우된다

#좋은선택을부르는단어 #구매결정 #분석보다느낌

■ 당신이 선택한 단어는 무엇을 상징하고 있나요?

15%	구매결정	85%
분석적 사고		느낌(미적 기쁨)
이성과 논리, 상품의 생김새와 기능		감각적인 요소, 오감, 미적, 창의적 자산

※ 우리 모두는 각자의 경험과 환경이 만들어낸 산물이다. 남들을 따라하는 브랜드는 눈에 띄는 발전이 없다.

　→ 자신이 하는 일이 무엇을 의미하며 무엇을 하고 싶은지를 이해하는 게 각자가 더욱 독특해질 수 있는 길.

☆ 여러 감각을 자극할 무언가를 [연상]시키거나 [감정적 연결]을 이끌어내는 방법을 터득한 회사만이 얻는 장기적 가치가 존재한다.

〈미적 명료화〉에서 가장 중요한 요소는 구체성

　제품의 목적을 전달하고, 제품에 의미를 불어넣고, 제품을 통해 강력하고 긍정적인 감정들을 불러일으키고 싶다면, 명료화가 구체적이어야만 한다.

　→ 우리가 선택하는 단어들은 반드시 자사의 제품(서비스)을 사용하는 경험을 상기시켜야 한다.

〈좋은 선택〉을 부르는 단어(또는 문장) 선택법

1) 정확성	2) 독점성
당신이 생각한 거과 정확히 같은 이미지를 다른 사람도 떠올릴만큼 그 단어가 제품을 정확히 묘사하는가?	그 단어들은 '독점 가능'한가? 단어를 듣자마자 제품 특유의 형태를 떠올리는가?
3) 핵심성	4) 상징성
그 단어들이 당신이 제공하고자 하는 경험의 핵심인가, 아니면 부속품인가?	그 단어는 제품과 회사에 불어넣고 싶은 전반적인 어조에 부합하는가? 제품의 속성, 미학, 회사의 가치도 강화하는가?

미적 명료화 : 정확한 소통, 강력, 매력적, 기억에 남는 표현이어야 한다.

여러 감각을 자극할 무언가를 [연상] 시키거나 [감정적 연결]을 이끌어내는 방법을 터득한 회사만이 얻는 장기적 가치가 존재한다. 우리가 선택하는 단어들은 반드시 자사의 제품(서비스)을 사용하는 경험을 상기시켜야 한다.

050

퍼스널 브랜딩은 프로그래밍
기법으로 만들어진다

#믿음 #프로그래밍 #행동

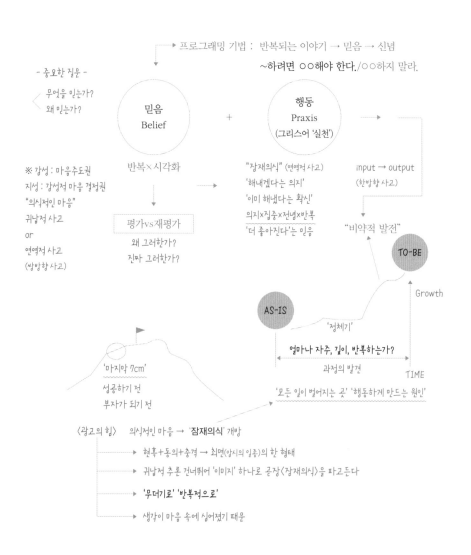

→ 프로그래밍 기법 : 반복되는 이야기 → 믿음 → 신념

~하려면 ○○해야 한다./○○하지 말라.

- 중요한 질문 -

무엇을 믿는가?
왜 믿는가?

믿음
Belief

+

행동
Praxis
(그리스어 '실천')

※ 감성 : 마음주도권
지성 : 감성적 마음 결정권
"의식적인 마음"
귀납적 사고
or
연역적 사고
(쌍방향 사고)

반복×시각화

평가vs재평가

왜 그러한가?
진짜 그러한가?

"잠재의식" (연역적 사고)
'해내겠다는 의지'
'이미 해냈다는 확신'
의지×집중×전념×반복
'더 좋아진다'는 믿음

input → output
(한방향 사고)

"비약적 발전"

TO-BE

AS-IS

Growth

'정체기'

'마지막 7cm'

성공하기 전
부자가 되기 전

얼마나 자주, 길이, 반복하는가?

과정의 발견

TIME

'모든 일이 벌어지는 곳' '행동하게 만드는 원인'

〈광고의 힘〉　의식적인 마음 → '잠재의식' 개방

▶ 현혹+동의+충격 → 최면(암시의 일종)의 한 형태
▶ 귀납적 추론 건너뛰어 '이미지' 하나로 곧장〈잠재의식〉을 파고든다
▶ **'무더기로' '반복적으로'**
▶ 생각이 마음 속에 심어졌기 때문

무언가를 믿게 되는 데에는 프로그래밍 기법이 관여된다. 반복되는 이야기에 귀를 기울이고 마음을 열고 믿음을 주고 신념을 갖게 된다. 결국 브랜딩의 성공여부는 얼마나 자주, 깊이, 반복하느냐에 달렸다.

4장

퍼스널 브랜딩의 정의

Branding

일관성이 통하려면 의외성이 더해져야 한다

■ 명확성과 집중

■ 날카롭고 따스한

■ 정밀하고 화사한

051

도대체 브랜드 아이덴티티가
무엇인가요?

#브랜드아이덴티티 #정체성 #내가만들고남이완성한다

■ 브랜드 아이덴티티는?

브랜드 A

"전 사과입니다"

"아니오, 전 사과라니까요"

고객

"당신은 바나나 같은데요?"

"암만 봐도 바나나인데…"

A브랜드가 아무리 우겨봐야 결국 A의 아이덴티티는 바나나다. **'고객'이 그렇게 생각하기 때문**이다.

고객이 사과라고 생각할때까지 그 인식의 차이를 좁혀 나가는 것, 그것이 브랜드 매니지먼트, 즉 **브랜딩**이다.

– 유니타스브랜드 《브랜딩 임계지식 사전》 중에서

당신이 누구인지 콕 집어 한마디로 정의할 수 없다면 퍼스널 브랜딩은 난관에 빠진다. 아이덴티티가 중요한 이유는 브랜드가 가진 정체성, 즉 아이덴티티가 명확하게 되면 그 어떤 것으로도 대체되지 않기 때문이다. 브랜드 아이덴티티는 생산자가 만들고자 애쓰는 것이지만 대부분은 소비자에 의해 결정된다.

052

저의 어떤 특성을
브랜딩해야 할까요?

#직업정체성 #비즈니스정체성 #고객을향한무언가

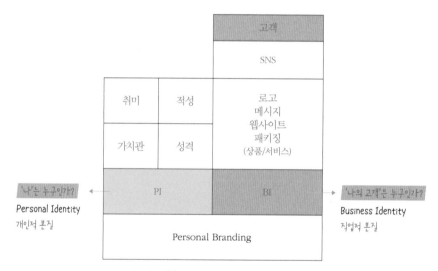

퍼스널 브랜딩은 PI와 BI 사이를 오가며 완성된다.

퍼스널 브랜딩에는 자신의 정체성을 확인할 수 있는 두 개의 질문이 존재한다. '나는 누구인가?'에 대한 답은 개인적 본질인 취미, 적성, 성격, 가치관과 같은 퍼스널 정체성(PI)으로 향한다. '나의 고객은 누구인가?'에 대한 답은 비즈니스 정체성(BI)으로 찾는다.

퍼스널 브랜드는
무엇으로 만들어지나요?

#의미의발견 #퍼스널브랜드 #브랜드가되어가는과정

■ 퍼스널 브랜드가 되어가는 과정

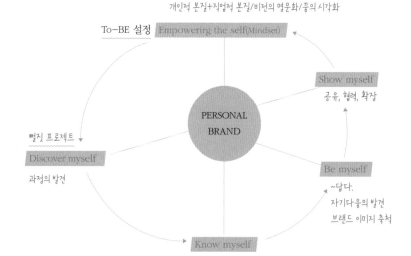

To-BE 설정   개인저 본질+직업저 본질/비전의 명문화/꿈의 시각화

Empowering the self(Mindset)

Show myself
공유, 협력, 확장

PERSONAL BRAND

뻘짓 프로제트
Discover myself
과정의 발견

Be myself
~답다.
자기다움의 발견
브랜드 이미지 축처

Know myself
자기인식, AS-IS
(저성, 흥미, 성격, 가치관 이해)

— 최장순 《의미의 발견》 중에서

나다움은 내가 가진 강점, 가치관, 성격과 같은 개인적 본질을 안다고 만들어지지 않는다. 당신이 하는 일로 상대로부터 인정을 받을 수 있어야 자기다움이 만들어진다. 거기다 제품이나 서비스를 팔고 난 후 그것을 넘어서는 무언가를 고객의 뇌리에 남길 때 비로소 브랜드가 생긴다.

054

일관성이 통하려면
의외성이 더해져야 한다

#브랜딩개론 #일관성 #의외성

■ 브랜딩 개론

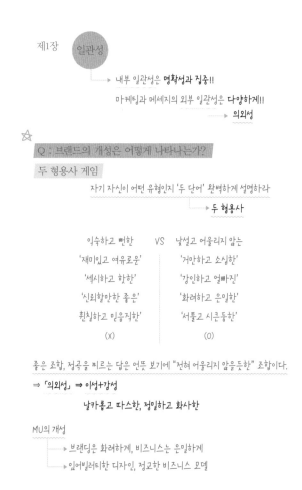

제1장 일관성

> 내부 일관성은 **명확성과 집중!!**

마케팅과 메세지의 외부 일관성은 **다양하게!!**
> **의외성**

☆

Q : 브랜드의 개성은 어떻게 나타나는가?

두 형용사 게임

자기 자신이 어떤 유형인지 '두 단어' 완벽하게 설명하라
> **두 형용사**

익숙하고 뻔한	VS	낯설고 어울리지 않는
'재미있고 여유로운'		'거만하고 소심한'
'섹시하고 핫한'		'강인하고 얼빠진'
'신뢰할만한 좋은'		'화려하고 은밀한'
'훤칠하고 믿음직한'		'서툴고 시큰둥한'
(X)		(O)

좋은 조합, 정곡을 찌르는 답은 언뜻 보기에 "전혀 어울리지 않을듯한" 조합이다.

⇒ 「의외성」 ⇒ 이성+감성

날카롭고 따스한, 정밀하고 화사한

MU의 개성
> 브랜딩은 화려하게, 비즈니스는 은밀하게
> 잊어빌러티한 디자인, 정교한 비즈니스 모델

브랜딩개론 제1장은 언제나 일관성이다. 뻔하지 않게 일관성을 유지하는 방법은 의외성을 가미하는 것이다. 브랜드의 개성은 이성과 감성이 더해진 두 형용사 게임으로 만들어진다.

055

자신의 분야는
어떻게 찾으면 되나요?

#자신의분야를찾는법 #느낌이오는일 #하고싶은분야에접목하기

■ 도대체 뭘 잘 하는지 모르는 당신에게

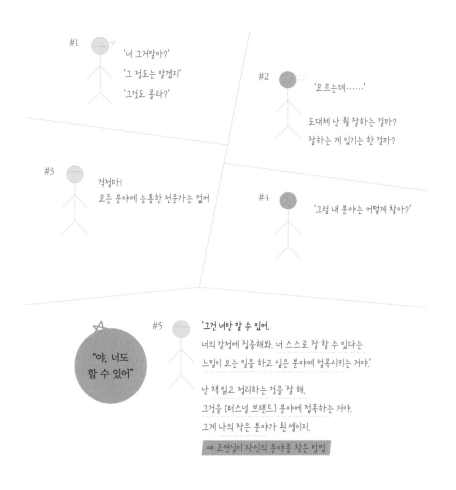

#1
'너 그거알아?'
'그 정도는 알겠지'
'그것도 몰라?'

#2
'모르는데......'
도대체 난 뭘 잘하는 걸까?
잘하는 게 있기는 한 걸까?

#3
걱정마!
모든 분야에 능통한 전문가는 없어

#4
'그럼 내 분야는 어떻게 찾아?'

#5
"야, 너도 할 수 있어"

'그건 너만 알 수 있어.
너의 강점에 집중해봐. 너 스스로 잘 할 수 있다는
느낌이 오는 일을 하고 싶은 분야에 접목시키는 거야.'

난 책 읽고 정리하는 것을 잘 해.
그것을 [퍼스널 브랜드] 분야에 접목하는 거야.
그게 나의 작은 분야가 된 셈이지.

⇒ 조연심이 자신의 분야를 찾은 방법

"내 분야는 어떻게 찾아?" "그건 너만 알 수 있어. 너의 감정에 집중해 봐. 너 스스로 잘할 수 있다는 느낌이 오는 일을 하고 싶은 분야에 접목시키는 거야."

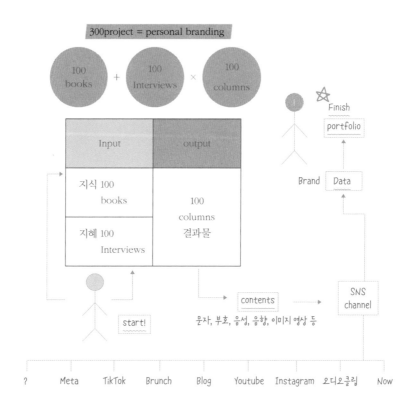

내가 무슨 말을 했느냐가 중요한 것이 아니라 상대방이 무슨 말을 들었느냐가 중요하다. 중요한 것은 나와 관련된 내용을 연관성을 가지고 일관되게 지속하면 된다. 주력분야와 관련된 책 100권 후기+ 100명의 인터뷰 + 100개의 칼럼은 데이터가 되어 내가 누구인지를 증명할 수 있는 온라인 포트폴리오가 된다.

057

나의 브랜드 주제는
어떻게 찾을 수 있나요?

■ 나의 브랜드 주제를 찾는 법

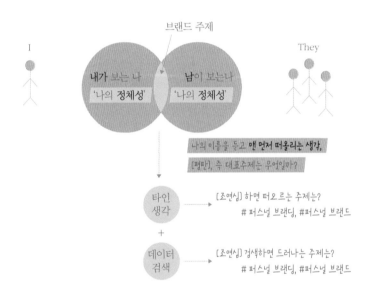

브랜드 주제

I

They

내가 보는 나
'나의 정체성'

남이 보는나
'나의 정체성'

나의 이름을 듣고 맨 먼저 떠올리는 생각,
[떠판], 즉 대표주제는 무엇인가?

타인
생각

[조연심] 하면 떠오르는 주제는?
#퍼스널 브랜딩, #퍼스널 브랜드

+

데이터
검색

[조연심] 검색하면 드러나는 주제는?
#퍼스널 브랜딩, #퍼스널 브랜드

※ 퍼스널 브랜딩에서 가장 중요한 질문은 '어떻게 하면 나를 가장 잘 상품화할 수 있을까?'가 아니라

'사람들이 나를 생각할때 가장 먼저 떠올리는 주제가 뭘까?'이다

– 티젠 오나란 《있어 보이는 나를 만드는 법》 중에서

퍼스널 브랜딩에서 가장 중요한 질문은 '어떻게 하면 나를 가장 잘 상품화할 수 있을까?'가 아니라 '사람들이 나를 생각할 때 가장 먼저 떠올리는 주제가 뭘까?'이다.

058

관심 분야를 주력 분야로
어떻게 바꾸나요?

#전문성이생기려면 #관심분야말고 #주력하는단하나

■ 한 놈만 패야 전문성이 생긴다

※ 넓게 시작해서 [주력분야]로 좁혀나가면서 깊어져야 한다.

'○○분야 하면 그 사람'하고 떠오르게 하려면 '주력하는 단 하나'에 집중해야 한다.

☆ 퍼스널 브랜딩은 이것저것이 아닌 **주력하는 단 하나**를 상대방의 머리 속에 집어넣는 **인식의 문제**이기 때문이다.

영화 〈주유소 습격사건〉에서 유오성이 했던 대사를 기억하라. "난 한 놈만 팬다." 퍼스널 브랜딩은 관심 분야에서 시작해 한 놈(한 분야)만 패면서 주력 분야에서 살아남는 것이다.

나만의 USP는
어떻게 찾는 걸까요?

#타고난재능 #핵심능력 #관심사

■ Q : 나만의 USP는 어떻게 찾는 걸까?

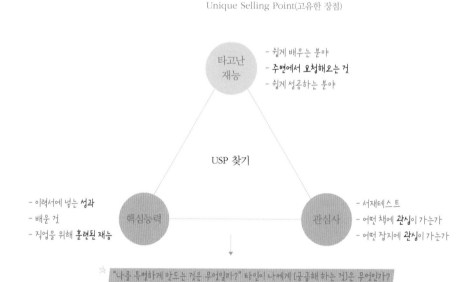

Unique Selling Point(고유한 장점)

타고난
재능
- 쉽게 배우는 분야
- 주변에서 요청해오는 것
- 쉽게 성공하는 분야

USP 찾기

핵심능력
- 이력서에 넣는 성과
- 배운 것
- 직업을 위해 훈련된 재능

관심사
- 서재테스트
- 어떤 책에 관심이 가는가
- 어떤 잡지에 관심이 가는가

"나를 특별하게 만드는 것은 무엇일까?" 타인이 나에게 (궁금해 하는 것)은 무엇인가?

나를 특별하게 만드는 USP(Unique Selling Point)는 무엇인가? 타인이 나에게 [궁금해하는 것]은 무엇인가? 내가 관심이 있는 분야에서 타고난 재능을 발휘하여 성과를 내고 이력서에 넣을 만큼 핵심 능력을 발휘할 수 있는 것에 나만의 USP가 존재한다.

060

일단 유능하다는 이미지를
만들어야 하는 이유

#확증편향 #유능함지표들 #보여주기도능력

〈확증 편향〉 : 사람은 생각한대로가 아닌 **보여진대로** 믿는다

이미 갖고 있는
기대치를
확인하려는 경향

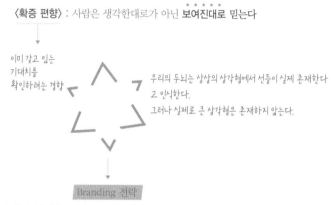

우리의 두뇌는 상상의 삼각형에서 선들이 실제 존재한다
고 인식한다.
그러나 실제로 큰 삼각형은 존재하지 않는다.

Branding 전략

유능하다는 이미지가 만들어지면, 남들은 당신의 **유능함**을 뒷받침해주는 특성과 사건들을 주로 기억한다.

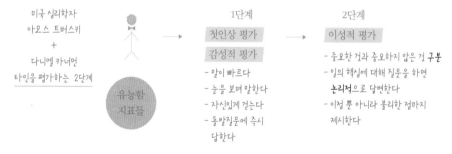

미국 심리학자 아모스 트버스키 + 다니엘 카너먼 타인을 평가하는 2단계	유능함 지표들	1단계	2단계

1단계

첫인상 평가
감성적 평가
- 말이 빠르다
- 눈을 보며 말한다
- 자신있게 건다
- 돌발질문에 즉시
  답한다

2단계

이성적 평가
- 중요한 거과 중요하지 않은 것 **구분**
- 일의 핵심에 대해 질문을 하면
  논리적으로 답변한다
- 이점 뿐 아니라 불리한 점까지
  제시한다

ㅡ 책 내셔 《어떻게 능력을 보여줄 것인가》 중에서

사람은 생각한 대로가 아니라 보여진 대로 믿는다. 즉 브랜드는 실재하는 것이 아니라 존재한다고 믿는 그 무엇이다. 유능하다는 이미지가 만들어지면, 남들은 당신의 유능함을 뒷받침해주는 특성과 사건들을 주로 기억하게 된다.

061

내 이름의 검색 결과를 바꾸는 법

#실천하기 #관계맺기 #베풀기

■ 내 이름의 검색결과를 바꾸는 법

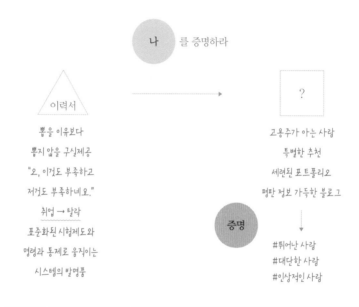

나 를 증명하라

이력서

뽑을 이유보다
뽑지 않을 구실제공
"오, 이것도 부족하고
저것도 부족하네요."
취업 → 탈락
표준화된 시험제도와
명령과 통제로 움직이는
시스템의 발명품

?

고용주가 아는 사람
특별한 추천
세련된 포트폴리오
평판 정보 가득한 블로그

증명

#뛰어난 사람
#대단한 사람
#인상적인 사람

자신의 작품을 가진 사람들에게는 자신의 업적을 직접적으로 보여줄 수 있는 [프로젝트]가 진정한 이력서다.

검색결과를 원하는대로 바꾸기 위해서는

실천하기 + 관계맺기 + 베풀기 가 필요하다

– 세스 고딘 《린치핀》 중에서

이력서 대신 나를 증명하는 방법은 무엇일까? 온라인으로 연결된 사람들은 내가 바라는 모습이 아니라 내가 보여준 모습으로 나를 기억한다. 그러니 나에 대한 긍정적 이미지로 이력서를 채워야 한다.

#성공비결 #그릿 #열정과끈기의조합

■ 당신의 성공비결은 무엇인가요?

나영석 PD → "무언가를 엄청 잘해서가 아니라 좋아하는 걸 꾸준히 버티면서 했기 때문이다."

명사 열정, 끈기 → 동사 좋아하는 걸 꾸준히 버티면서 하기

벤틀리 모허스 → "남들이 중단한 데서 우리는 출발한다.(We start where others stop)"

〈성공하는 사람들의 4가지 특성, GRIT〉

성장 마인드셋 Growth mindset	회복탄력성 Resilience	각각의 첫글자를 딴
끈기 Tenacity	내재적 동기 Intrinsic Motivation	'GRIT' 그릿 ☆

성공의 비결은 [재능]이 아니라 [열정과 끈기의 조합]이다

— 펜실베니아대학교 심리학 교수 앤젤라 더크워스

버틴다, 즉 끈기는 생존을 위한 수동적인 방어자세가 아니라 가장 공격적인 방법론이다.

— 조용민 《언바운드》 중에서

성공의 비결은 [재능]이 아니라 [열정과 끈기의 조합]이다. 즉 끈기는 생존을 위한 수동적 방어자세가 아니라 가장 공격적인 방법론이다.

063

기억에 남는 스토리는 구조화된 과정을 거친다

#모든스토리에는 #처음_중간_끝이있다 #스토리의힘

■ 당신에게는 스토리가 있나요?

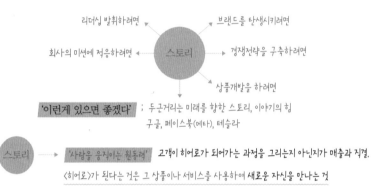

리더십 발휘하려면 → 스토리 ← 브랜드를 탄생시키려면

회사의 미션에 적응하려면 → 스토리 → 경쟁전략을 구축하려면

상품개발을 하려면

'이런게 있으면 좋겠다' : 두근거리는 미래를 향한 스토리, 이야기의 힘
구글, 페이스북(메타), 테슬라

스토리 → '사람을 움직이는 원동력' 고객이 히어로가 되어가는 과정을 그리는지 아닌지가 매출과 직결.
〈히어로〉가 된다는 것은 그 상품이나 서비스를 사용하여 새로운 자신을 만나는 것

[스토리 형식]

"일상에서 비일상의 세계로 여행을 떠난다. 그 과정에서 보응을 획득하고 다시금 일상으로 돌아온다"는 형식.

— 신화학자 조지프 캠벨

Story = 처음 + 중간 + 끝

헐리우드 방식

제1부 | 제2부 전반/제2부 후반 | 제3부
출발·이별 | 시련 / 통과의례 | 귀환

☆ 고객 = 난관에 빠진 영웅

당신 = 난관극복을 도와줄 계획을 가진 가이드

☆ Business : 현재의 문제점 | 각각의 논점 해결책 | 희망이 느껴지는 미래와 가능성

※ 성공한 기업, 잘나가는 사람 모두 [스토리의 힘]을 활용해왔다. 고객은 이야기의 [주인공]이 되고 싶어한다. 스토리란 '처음·중간·끝'의 형식을 지닌다.

— 간다 마사노리 《스토리씽킹》 중에서

신화학자 조지프 캠펠이 알려주는 스토리에는 형식이 있다. "일상에서 비일상의 세계로 여행을 떠난다. 그 과정에서 보물을 획득하고 다시금 일상으로 돌아온다"는 형식이다.

064

전설적인 브랜드에는
특별한 이름짓기 과정이 있다

#브랜드네이밍 #기억의효과 #스토리씽킹

■ 스토리의 5가지 장점

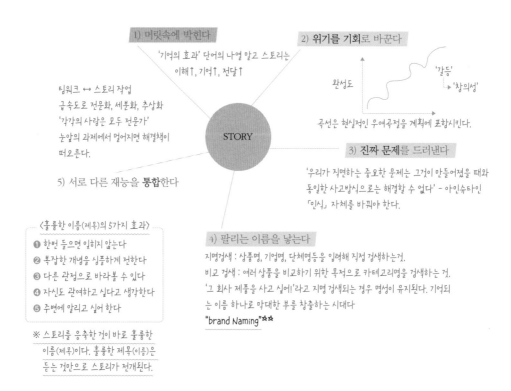

1) 머릿속에 박힌다

'기억의 효과' 단어의 나열 말고 스토리는
이해↑, 기억↑, 전달↑

팀워크 ↔ 스토리 작업
급속도로 전문화, 세분화, 추상화
'각각의 사람은 모두 전문가'
눈앞의 과제에서 멀어지면 해결책이
떠오른다.

5) 서로 다른 재능을 통합한다

2) 위기를 기회로 바꾼다

완성도   '갈등'
              ↘ '창의성'

곡선은 현실적인 우여곡절을 계획에 포함시킨다.

3) 진짜 문제를 드러낸다

'우리가 직면하는 중요한 문제는 그것이 만들어졌을 때와
동일한 사고방식으로는 해결할 수 없다' - 아인슈타인
「인식」 자체를 바꿔야 한다.

STORY

〈훌륭한 이름(제목)의 5가지 효과〉
❶ 한번 들으면 잊히지 않는다
❷ 복잡한 개념을 심플하게 전한다
❸ 다른 관점으로 바라볼 수 있다
❹ 자신도 관여하고 싶다고 생각한다
❺ 주변에 알리고 싶어 한다

※ 스토리를 응축한 것이 바로 훌륭한
   이름(제목)이다. 훌륭한 제목(이름)은
   듣는 것만으로 스토리가 전개된다.

4) 팔리는 이름을 낳는다

지명검색 : 상품명, 기업명, 단체명 등을 입력해 직접 검색하는 것.
비교 검색 : 여러 상품을 비교하기 위한 목적으로 카테고리명을 검색하는 것.
'그 회사 제품을 사고 싶어!'라고 지명 검색되는 경우 명성이 유지된다. 기억되
는 이름 하나로 막대한 부를 창출하는 시대다
"brand Naming"☆☆

→ 스토리를 바탕으로 한 [이름 짓기]는 미래로 이어지는 전설을 만들어 가는 작업이다.

— 간다 마사노리 《스토리 씽킹》 중에서

146

딱 그 회사, 그 제품, 그 사람을 지명해서 검색한다는 것은 이미 상대방의 머리에 자리를 잡았다는 것이고, 그만큼 선택될 확률도 높다는 의미다. 브랜드 네이밍이 중요한 이유다.

065

기억에 남는 자기소개법에도
공식이 있다

■ **당신을 한 마디로 소개** 할 수 있나요?

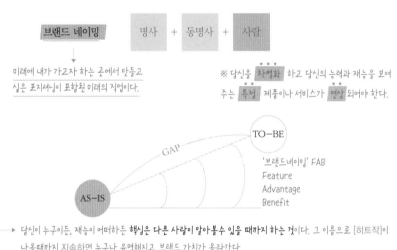

브랜드 네이밍   명사 + 동명사 + 사람

미래에 내가 가고자 하는 곳에서 만들고
싶은 포지셔닝이 포함된 미래의 직업이다.

※ 당신을 차별화 하고 당신의 능력과 재능을 보여
주는 특징 제품이나 서비스가 연상 되어야 한다.

TO-BE

GAP

AS-IS

'브랜드네이밍' FAB
Feature
Advantage
Benefit

당신이 누구이든, 재능이 어떠하든 핵심은 다른 사람이 알아볼수 있을 때까지 하는 것이다. 그 이름으로 [히트작]이
나올때까지 지속하면 누구나 유명해지고 브랜드 가치가 올라간다.

※ 누구나 '아하!' 하고 알아볼 수 있게 하려면 당신답다 는 '중심성과 차별성' 브랜드 지도를 그려보면서
일관성있게 경로를 이어가야 한다.

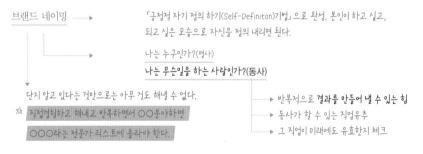

브랜드 네이밍 ➙

「긍정적 자기 정의 하기(Self-Definiton)기법」으로 완성. 본인이 하고 싶고,
되고 싶은 모습으로 자신을 정의 내리면 된다.

나는 누구인가?(명사)

나는 무슨일을 하는 사람인가?(동사)

단지 알고 있다는 것만으로는 아무 것도 해낼 수 없다.
☆ 직접경험하고 해내고 반복하면서 ○○분야하면
○○○라는 전문가 리스트에 올라야 한다.

➙ 반복적으로 결과를 만들어 낼 수 있는 힘
➙ 동사가 할 수 있는 직업유추
➙ 그 직업이 미래에도 유효한지 체크

➙ 미래에는 일이 없는 게 아니라 다가올 미래의 일에 필요한 [훈련된 역량] 이 없을 뿐이다.

—조연심 《퍼스널 브랜딩에도 공식이 있다》 중에서

비즈니스 세상에서 처음 만났을 때 하는 언제나 변하지 않는 단 하나는 바로 자기소개다. 당신과 연관된 브랜드 네이밍은 현재의 나(AS-IS)가 아니라 미래의 나(TO-BE)를 떠올리게 해야 한다.

5장

퍼스널 브랜딩의 과정

Branding

성공하는 아이템은 어떻게 만들어지나요?
■ 아이템 사사분면
■ 비즈니스는 정교, 명확하게
■ 위대한 비즈니스

066

도대체 뭐부터
해야 할까요?

#자기다움 #브랜드다움 #대체불가한나

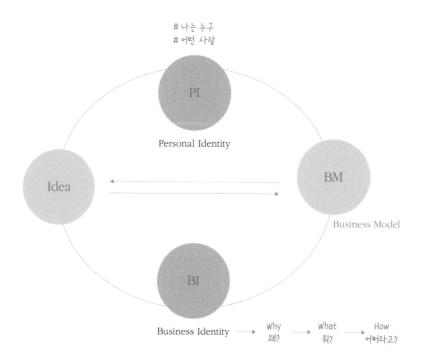

브랜드의 궁극적인 목표는 세상에 하나밖에 없는 유일한 것이 되어 다른 것에 의해서 대체되지 않는 것이다. 자기다움은 내가 한 말이 아니라 내가 직접 실행한 결과물의 축적으로 만들어진다. 퍼스널 브랜딩은 나로부터 시작해서 다시 나에게로 돌아온다.

#067
칼럼만 써도
브랜딩이 되나요?

■ 칼럼이 브랜딩 되는 공식

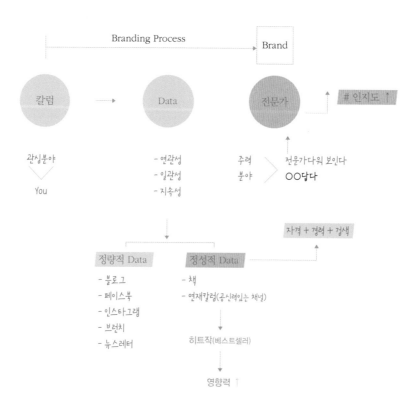

당신이라는 브랜드가 전문가로 인정받기 위해서는 주력 분야가 있어야 하고, 그에 걸맞은 자격과 경력, 검색 가능한 데이터가 뒷받침되어야 한다. 여기에 전문가답게 보이는 브랜드 이미지가 더해지면 금상첨화다.

068

성공하는 아이템은
어떻게 만들어지나요?

#신데렐라아이템 #캐시카우아이템 #쥐잡는고양이아이템

#도그아이템

■ 기업인이 반드시 알아야 할 아이템 사사분면

☆ 풀이

> 1. 젖소 아이템 : 현재 기업의 캐시카우를 책임지는 아이템

> 2. 신데렐라 아이템 : 미래 대박을 낼지도 모르는(?) 아이템

> 3. 마우저 아이템 : 보호막이 되어주는 아이템. 수익률이 높진 않지만 고정수익이 되는 아이템.

> 4. 도그 아이템 : 더 이상 회사의 수익창출에 도움이 되지 않는 아이템. 퇴출시켜야 할 것들.

비즈니스는 정교하고 명확해야 위대해진다. 그냥 무작정 열심히만 하면 빨리 망한다.

— NFT Biz 미팅 때 나온 이야기 중에서

비즈니스는 정교하고 명확해야 위대해진다. 그냥 무작정 열심히만 하면 빨리 망한다. 정상적인 기업을 운영하기 위해서는 아이템 선정 사사분면 체크리스트를 점검해야 한다. 현재를 위한 아이템도 중요하지만 눈부신 미래를 위한 아이템도 함께 준비해야 한다.

069

강력한 존재감은
어떻게 만드나요?

■ 당신만의 '아우라(Aura)'를 만드는 법

"세상은 업적 자체보다 **업적이라는 겉모습**에 보상을 해 줄 때가 더 많다." – 프랑수아 드 라로슈푸코

공무용 자동차	개인비서	명함에 적힌 높은 직함
당신 몫의 경비예산	회사 신용카드	사무실에 걸린 예술작품

〈회사 밖 사람들이 나의 지위를 판단하는 6가지 상징〉

거동 'habitus'
한 사람의 태도와 몸짓 ← 겉으로 보이는 의상, 언어, 몸짓, 표정, 톤

5성급 호텔 직원들은 어떤 기준으로 몇 초만에 고객을 '스캔'하는걸까?
⇒ 한 번 몸에 밴 '거동'은 어지간해선 변하지 않는다.

1. 리더는 고양이처럼 우아하게 꼭대기에 오른다

- 질문하는 사람이 주도한다.
- 질문한 뒤에는 우선 침묵해라.
- 상대를 칭찬해라.
- 파워토킹하라.
- 당혹감 테스트를 하라.

Aura를 만드는 법

3. 반사된 영광누리기

- 유명한 사람과 **연결**하라.
- 지위와 후광효과 더해진다.
- 결붙되기
- 권위있는 사람과의 유사점을 **드러내라.**
- 아주 사소한 공통점이라도 효과는 크다.
- 실제로 만난 사람들의 '아우라'만 후광효과를 일으키는 것이 아니다.
  (존경하는, 대단한 사람 사진 걸기)
- 당신과 연결되는 것들을 가장 높은 목소리로 칭찬하라.

2. 지적 대화를 위한 가진자들의 '교양게임'을 하라

- 있어보이는 지향을 만들어라.
- 능력에 대한 객관적 근거를 들어라.(졸업장, 상장, 자격증 등)
- '출판하거나 망하거나.'
  (어느 분야의 전문가로 인정받고자 한다면, 책을 출간하는 것이 가장 좋은 길이다.)
  ⇒글로 쓰인 말이 무한히 강력한 효과를 얻고 있기 때문이다.
- **지식인으로 보여라.**(책, 신문칼럼, 블로그 등에 노출되라.)

결론 : 쉽게 듬뿍 사랑받고 싶은 당신, 기꺼이 최고가 되어라.

'나는 헤비급 세계 챔피언 마이크 타이슨이오.'   '나는 옥스퍼드 대학교의 논리학 교수요.'   '나는 퍼스널 브랜딩계의 시초새오.'

협상테이블

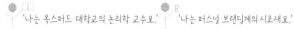
'이제 서로 **각자의 영역**에서 **최고**의 자리에 오른 사람들이라는 걸 알았으니, 신사답게 이야기를 해봅시다.'
당신은 [어떤 영역]에서 **최고의 자리**에 오른 사람인가?
– 책 내서 《어떻게 능력을 보여줄 것인가》 중에서

"마지막에는 모든 것이 좋아진다. 만일 좋지 않다면, 아직 끝이 아니다." 오스카 와일드의 말이다. 평범한 사람이 특별한 사람이 되기 위해서는 유일하거나 원본이거나 둘 중 하나가 되어야 한다. 꼭 최고가 될 필요는 없다. 최고인 것처럼 등장하기만 해도 똑같은 효과를 낸다.

070

걸작을 만들기 위한
노하우는 뭘까요?

#걸작을만드는법 #다작이답이다 #도마뱀뇌를통제하라

■ 실제로 '해낸 것'의 총합이 자기다움의 원천!

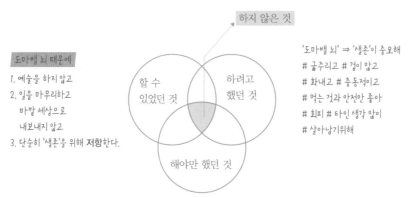

하지 않은 것

도마뱀 뇌 때문에

1. 예술을 하지 않고
2. 일을 마무리하고
   바깥 세상으로
   내보내지 않고
3. 단순히 '생존'을 위해 **저항한다.**

할 수 있었던 것

하려고 했던 것

해야만 했던 것

'도마뱀 뇌' ⇒ '생존'이 중요해
굴주리고 # 겁이 많고
화내고 # 충동적이고
먹는 것과 안전만 좋아
회피 # 타인 생각 말이
살아남기위해

Q : 나는 왜 계속 미루기만 하는 걸까?

A : 이유는 튀는 것을 두려워하는 '도마뱀 뇌' 때문이다. 위협이나 위험으로 느껴지는 것, 자신의 속마음을 드러내는 것은 피해야 한다. 고로 어떤 것도 세상 밖으로 내놓을 수 없다.

But 세상의 걸작은 '마감'을 거쳐 '다작' 속에 탄생한다.

걸작이 나오기엔 아직 멀었다!

다작 :

100권

1000점

11권

세스 고딘
걸작 : 《보랏빛 소가 온다》
《마케터는 새빨간 거짓말쟁이》
《퍼미션마케팅》
《더 딥》
19권의 베스트셀러

피카소
〈게르니카〉
〈아비뇽의 처녀들〉
〈꿈〉
…

조연심
《과정의 발견》
《퍼스널 브랜딩에도 공식이 있다》
《300프로젝트》
《하루 하나 브랜딩》
…

– 세스 고딘 《린치핀》 중에서

할 수 있었던 것과 해야만 했던 것, 그리고 하려고 했던 것의 교집합은 언제나 '하지 않은 것'이다. 실제로 '해낸 것'의 총합이 자기다움의 원천이다. 걸작을 만드는 가장 강력한 노하우는 무엇이든 미루는 도마뱀 뇌를 통제해 걸작이 나올 때까지 지속하는 것이다.

#071
신뢰 프로토콜은
어떻게 작동되나요?

#신뢰프로토콜 #반복된약속이행 #어디로튈지알게되는것

■ 〈신뢰 프로토콜〉은 어떻게 작동되는가?

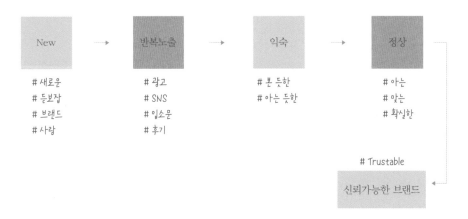

```
New    →    반복노출    →    익숙    →    정상
```

New	반복노출	익숙	정상
# 새로운	# 광고	# 본 듯한	# 아는
# 듣보잡	# SNS	# 아는 듯한	# 맞는
# 브랜드	# 입소문		# 확실한
# 사람	# 후기		

Trustable

신뢰가능한 브랜드

시장은 반복을 통해 신뢰를 얻도록 학습되어왔다.

[주력분야] 와 연관된 콘텐츠를 [일관성 있게], [반복] 발행하면 믿을 수 있는 브랜드가 된다.
단, [히트작] 이 나올 때까지 지속할 수 있어야 한다.

– 조연심 《퍼스널 브랜드대학》 중에서

퍼스널 브랜딩의 종착역은 [당신]이라는 브랜드를 [신뢰할 수 있음]에 머물게 하는 것이다. 시장은 '반복'을 통해 '신뢰'를 얻도록 학습되어 왔다. 누구든 자주 보면 익숙해지고, 익숙해지면 당연해지며, 당연해지면 믿게 된다. 믿음은 누적된 약속의 이행으로 만들어진다.

■ Q : 대체 불가능한 퀀텀점프를 위한 필수능력은?

☆ 퀀텀 점프능력
기존지식, 기술 흡수
+ 다각적 관점 연결

현재 : '퀀텀 점프'
단기간, 비약적, 비연속적
한계를 넘어선

기존 : 단계적, 점진적, 연속적 성장 ×

"21세기의 문맹은 읽고 쓸 줄 모르는 사람이 아니라 배우고Learn, 배운 걸을 일부러 잊고unlearn, 다시 배우는relearn 능력이 없는 사람이다."

— 미래학자 엘빈 토플러

21세기 핵심역량 : 데이터 리터러시(data literacy)

→ 데이터를 읽고 그 안에 숨겨진 의미를 파악하는 데이터 해독 능력.

데이터 리터러시

데이터 다양성 : 넓게 보는 것 → 데이터의 양과 다양성 확보

데이터 신선도 : 깊게 보는 것 → 데이터의 질과 신선도 파악

'내일' '내 삶' 연결, 구체적 성과와 성장 창출하기 위한 역량 3가지

Trend Savvy
트렌드 새비

+×

Deep Thinking
딥 씽킹

+×

Collaboration
콜라보레이션

데이터를 넓고
깊게 보는 능력
'자신의 일에 새로운 기술을
연결하라'

데이터 상관관계분석
최적의 솔루션 창출능력
'다양한 관점에서 집요하게
솔루션을 찾아라'

함께 하는 사람들과 솔루션
공유, 구체적인 성과 창출능력
'이타적인 사람'이
더 크게 성공한다.

— 조용민 《언바운드》 중에서

정보 해일 시대, 이제 단순히 많은 데이터는 정보가 아니라 처치 곤란 쓰레기일 뿐이다. 21세기 핵심역량인 데이터 리터러시 능력은 데이터를 읽고 그 안에 숨겨진 의미를 파악하는 데이터 해독 능력이다.

■ 내 삶을 구조화시키는 도구, 피쉬본 다이어그램
엉망진창 엉킨 내 삶을 구출해 줄 도구는?

'우선 순위'에 해당하는 일, 피쉬본 다이어그램으로 **구조화하기**

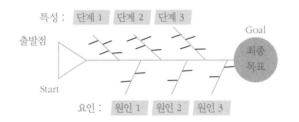

최종 목표가 문제해결, 꿈, 직업, 능력 무엇이던 간에(머리)

(꼬리)출발점에서 순차적 단계별 목표를 구조화 하고(큰뼈)

이를 방해하는 원인도 각 단계별로 정리하고(작은 가시)

우선 순위에 맞게 하나씩 실행하면 된다.

피쉬본 다이어그램 은 생산 공정에서 일어나는 **원인과 결과와의 관계**를 체계화하여 도시화 한 것. Cause and Effect Diagram. 특성과 원인과의 관계를 정리하여 하나의 도형으로 묶어 나타낸 것.

특성요인도 ┌─ 특성 : 일의 결과로 나타나는 모든 것 ex) 품질, 원가, 납기, 안전 등

└─ 요인 : 특성에 영향을 주는 원인의 모든 것 ex) 사람, 재료, 작업방법, 기계 등 생산요소

문제를 발견하고 분석하기 위해서, 문제해결을 위해 중요한 개선요인을 발견, 중요한 관리 특성에 대한 Know-how를 정리하기 위해 작성한다.

※ 생선뼈 다이어그램은 일본 동경대 교수인 이시가와 가오루 교수가 고안, 이시가와 다이어그램이라고도 부른다. 여러가지 원인을 찾아서 나열 하고 우선 순위를 매겨 단계별로 해결해야 할 문제들을 정리할 때 쓴다.

─ 조용민 《언바운드》 중에서

뒤죽박죽 내 인생, 뭐부터 해야 할지 모를 때는 생선 뼈 다이어그램(피시본 아디어그램)을 그려보라. '우순순위'에 해당하는 일을 피시 본 다이어그램으로 구조화시킴으로 문제를 해결할 수 있다.

목표는 있는데 왜 액션플랜대로 행동하지 않는 걸까요?

#액션플랜 #실천내용구체화 #3개의마일스톤세우기

■ 당신의 액션플랜(Action Plan)은 안녕한가요?

명확한 목표를 찾았는데 바로 행동으로 옮기지 못한다면, '실천 내용'이 애매하기 때문이다.

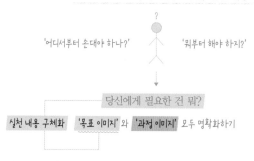

'어디서부터 손대야 하나?'   '뭐부터 해야 하지?'

당신에게 필요한 건 뭐?

실천 내용 구체화 '목표 이미지'와 '과정 이미지' 모두 명확화하기

목표를 실현해나갈 때, 도중의 척도가 되는 작은 '목표
길잡이, 이정표'

마일스톤
(Milestone)

'다음 포인트까지
조금 남았어!'

목표   TO-BE

1. 3개월 안에 ~목표로 한다.
2. 6개월 안에 ~ 목표로 한다.
3. 목표기한까지 ~ 목표로 한다.

마일스톤
설정

현재 상태
AS-IS

실천 내용 명확화 방법

① 현재 상태와 목표 사이에 세 개의 '마일스톤' 배치

② 마일스톤을 '세분화'하기(Chunk Down)

② 목표에서 거꾸로 계산해서 숫자와 기준을 이용하면 더욱 알기 쉽다.

→ 실천내용을 세분화하고 구체화한다면 오늘, 이번주, 이번달 실천 내용이 명확해진다. 여기에 '언제, 어디서, 무엇을 할 지'
까지 **구체화하면 보다 확실하게 움직일 수 있다.**

– 오히라 노부타카 《게으른 뇌에 행동 스위치를 켜라》 중에서

원대한 목표는 세웠는데 제대로 행동하지 못하는 이유는 뭘까? 이는 실천 내용을 구체화하지 못했기 때문이다.
실천 내용을 구체화하기 위해서는 '목표 이미지'와 '과정 이미지' 둘 다 명확하게 하는 게 필요하다.

#075
고집 센 코끼리를 통제하고
목표를 달성하는 방법은 뭔가요?

#목표달성을방해하는건 #마음속코끼리때문 #실행의도도구를활
용하라

■ **고집센 코끼리(본능)를 통제하고 목표를 달성하려면?**

방법 1. 외부의 도움 활용하기

1) 도구 – '클락키(Clocky)' 발 달린 알람시계… 무조건 침대에서 일어나 도망다니는 클락키를 꺼야 한다.

2) 타인의 감시나 감독 – 훈련캠프 이용, 고액캠프일수록 비용이 아까워서라도 참가, 라이벌의 성공이 자극제가 되기도 함.

방법 2. 실행의도 활용하기

'난 어떻게 하겠다'
'난 다이어트할거야'   목표의도   대체   실행의도
'난 승진할거야'

어느 시간, 어느 장소, 어느 조건에서 목표를 달성하기 위해 무엇을 할 지 생각한다.
✿ '만약에(If)…, 그렇다면(Then) ……,
촉발 조건+전략 연계조건과 목표를 결합한 실행 의도

큰 목표 : 다이어트 – **작은 목표** : 하루 1만보 걷기 – **실행의도** : 퇴근 후 버스 타고 집에 갈때
두 정거장 먼저 내려 걷기

'실행의도' 1999 미국 뉴욕대학교 동기심리학자 피터 골위처 제시

'실행의도의 도구'   심리학자 가브리엘 외팅겐
Woop   〈무한 긍정의 덫〉

'Woop' 소망(Wish)   결과(Output)
장애물(Obstacle)   계획(Plan)

프로세스

① 소망(Wish) : 실현되었으면 하는 소망을 적고, 시간을 설정한다.

② 결과(Output) : 소망 실현 후의 만족스러운 상황을 상상한다. **명확**할수록, 글로 쓸수록 좋다.

③ 장애물(Obstacle) : **목표를 실현하는 과정에서 생길 수 있는 어려움을 구체적으로 나열**한다.

④ 계획(Plan) : 나열한 장애물을 '만약에…, 그렇다면…'의 방식에 하나씩 적용한다.

'Woop' 생각 카드

W : 소망	O : 결과	O : 장애물	P : 계획

– 황양밍·장린린 《심리학이 불안에 답하다》 중에서

우리 마음에는 코끼리가 살고 있다. 그 코끼리는 고집이 세서 어지간해선 통제하기가 어렵다. 그 코끼리는 본능, 욕심, 고집, 게으름과 한 편이 되어 점점 더 고집불통이 된다. 우리가 목표를 달성하지 못하는 것은 순전히 마음 속 코끼리 그놈 때문이다.

■ 〈10-10-10법칙〉

충동이나 유혹에 굴복하는 나에게!

"당신의 기분은 안녕하십니까?"

과식, 폭식의 유혹, 10분 후 당신의 기분은 어떨까요?

운동, 영어, 다이어트 미루기, 10개월 후 당신의 기분은 어떨까요?

직업, 공부, 사람 선택, 10년 후 당신의 기분은 어떨까요?

혹독한 자기관리의 비법, 10-10-10법칙을 떠올려보라.

– 《하버드비즈니스리뷰》 편집장 수지 웰치가 제안한 법칙

유혹 앞에 약해지고, 충동 앞에 무너지기를 반복하는 당신이라면 결국 지금까지 얻어왔던 것도 놓치게 될 것이다. 퍼스널 브랜딩을 위해 꼭 필요한 역량은 바로 '자기관리'다.

077

잘 팔리는 상품을 기획하는 방법은?

#외적인문제 #내적인문제 #철학적문제

■ 잘 팔리는 상품을 기획하는 방법은?
도널드 밀러의 〈무기가 되는 스토리〉가 제안하는 3가지 방법

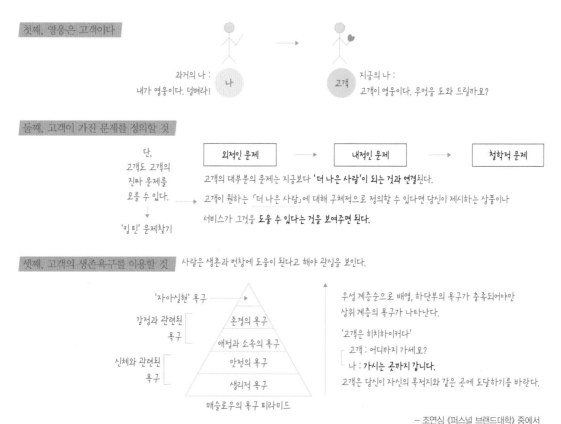

첫째, 영웅은 고객이다

과거의 나 :
내가 영웅이다. 덤벼라!

나

지금의 나 :
고객이 영웅이다. 무엇을 도와 드릴까요?

고객

둘째, 고객이 가진 문제를 정의할 것

단,
고객도 고객의
진짜 문제를
모를 수 있다.

'킹핀' 문제찾기

| 외적인 문제 | → | 내적인 문제 | → | 철학적 문제 |

고객의 대부분의 문제는 지금보다 '더 나은 사람'이 되는 것과 연결된다.

고객이 원하는 「더 나은 사람」에 대해 구체적으로 정의할 수 있다면 당신이 제시하는 상품이나

서비스가 그것을 도울 수 있다는 것을 보여주면 된다.

셋째, 고객의 생존욕구를 이용할 것　사람은 생존과 번창에 도움이 된다고 해야 관심을 보인다.

'자아실현' 욕구 →

감정과 관련된
욕구

존경의 욕구

애정과 소속의 욕구

신체와 관련된
욕구

안전의 욕구

생리적 욕구

매슬로우의 욕구 피라미드

우선 계층순으로 배열, 하단부의 욕구가 충족되어야만
상위 계층의 욕구가 나타난다.

'고객은 히치하이커다'
　고객 : 어디까지 가세요?
　나 : 가시는 곳까지 갑니다.
고객은 당신이 자신의 목적지와 같은 곳에 도달하기를 바란다.

– 조연심 《퍼스널 브랜드대학》 중에서

누구나 잘 팔리는 상품을 기획하고 싶어 한다. 방법은 고객을 알고 고객의 문제를 정의하면 된다. 고객이 원하는 것은 생존을 위하거나 번창을 위한 것이다. 그중 번창을 위한 것은 지금보다 '더 나은 사람'이 되도록 돕는 것이다.

078

칭송받는 브랜드가 되는
세 가지 방법은?

#전문성 #정감성 #공감성

■ 칭송받는 브랜드가 되는 법

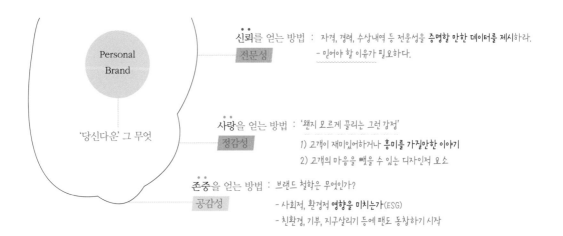

Personal Brand

'당신다운' 그 무엇

신뢰를 얻는 방법 : 자격, 경력, 수상내역 등 전문성을 증명할 만한 데이터를 제시하라.

전문성
- 얻어야 할 이유가 필요하다.

사랑을 얻는 방법 : '왠지 모르게 끌리는 그런 감정'

정감성
1) 고객이 재미있어하거나 흥미를 가질만한 이야기
2) 고객의 마음을 뺏을 수 있는 디자인적 요소

존중을 얻는 방법 : 브랜드 철학은 무엇인가?

공감성
- 사회적, 환경적 **영향을 미치는가**(ESG)
- 친환경, 기부, 지구살리기 등에 팬도 동참하기 시작

✿ 오래가는 브랜드, 칭송받는 브랜드가 되려면 전문성을 통해 신뢰를 얻거나 고객이 좋아할만한 이야기나 잉어빌러티한 디자인적 요소로 사랑을 얻거나

고객이 공감할만한 철학으로 존중을 얻어야 한다.

– 책 읽어주는 라디오 《파블로를 읽어요》 시즌 6 '배하연의북인사이트 06' 문영호 《팬을 만드는 마케팅》 중에서

오래 가는 브랜드, 칭송받는 브랜드가 되려면 전문성을 통해 신뢰를 얻거나, 고객이 좋아할 만한 이야기나 있어 빌러티한 디자인적 요소로 사랑을 얻거나 고객이 공감할 만한 철학으로 존중을 얻어야 한다. 퍼스널 브랜드는 '당신 다운 그 무엇'으로 팬으로부터 신뢰와 사랑과 존중을 얻을 때 비로소 강력해진다.

079

프로세스 이코노미가 답이 되는 이유는?

#프로세스이코노미 #과정을파는시대 #커뮤니케이션커머스

■ 당신의 과정은 안녕한가요?

이제 '결과'가 아니라 '과정'을 파는 시대 #과정의 발견

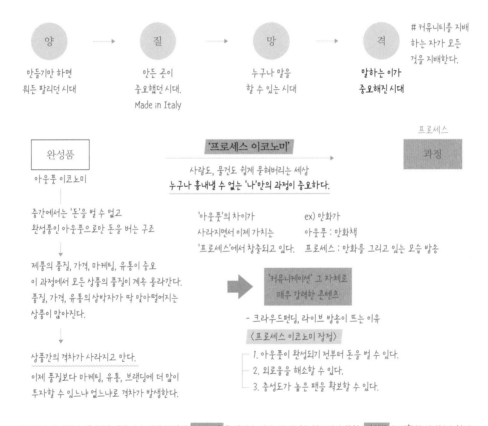

양
만들기만 하면 뭐든 팔리던 시대

질
만든 곳이 중요했던 시대.
Made in Italy

망
누구나 말을 할 수 있는 시대

격
말하는 이가 중요해진 시대

#커뮤니티를 지배하는 자가 모든 것을 지배한다.

완성품

아웃풋 이코노미

중간에서는 '돈'을 벌 수 없고
완성품인 아웃풋으로만 돈을 버는 구조

↓

제품의 품질, 가격, 마케팅, 유통이 중요
이 과정에서 모든 상품의 품질이 계속 올라간다.
품질, 가격, 유통의 상박자가 딱 맞아떨어지는
상품이 많아진다.

↓

상품간의 격차가 사라지고 만다.
이제 품질보다 마케팅, 유통, 브랜딩에 더 많이
투자할 수 있느냐 없느냐로 격차가 발생한다.

'프로세스 이코노미'

사람도, 물건도 쉽게 묻혀버리는 세상
누구나 흉내낼 수 없는 '나'만의 과정이 중요하다.

'아웃풋'의 차이가   ex) 만화가
사라지면서 이제 가치는   아웃풋 : 만화책
'프로세스'에서 창출되고 있다. 프로세스 : 만화를 그리고 있는 모습 방송

프로세스

과정

➡ **'커뮤니케이션' 그 자체로 매우 강력한 콘텐츠**

- 크라우드펀딩, 라이브 방송이 뜨는 이유
〈프로세스 이코노미 장점〉

1. 아웃풋이 완성되기 전부터 돈을 벌 수 있다.
2. 외로움을 해소할 수 있다.
3. 충성도가 높은 팬을 확보할 수 있다.

프로세스에 가치가 생기려면 제작자가 제작 과정에 [스토리] 를 담거나 내가 왜 이 일을 하는지에 관한 [철학] 을 명확히 제시해야 한다.
— 오바라 가즈히로 《프로세스 이코노미》 중에서

'아웃풋'의 차이가 사라지면서 이제 가치는 '프로세스'에서 창출되고 있다. 누구도 흉내 낼 수 없는 '나'만의 과정이 중요한 이유다. 프로세스에 가치가 생기려면 제작자가 제작 과정에 '스토리'를 담거나 내가 왜 이 일을 하는지에 관한 '철학'을 명확히 제시해야 한다.

080

베스트셀러를 부르는 스토리 공식은 따로 있다

#공감메커니즘 #스토리텔링의기술 #특별한이야기공식

■ 당신에게는 당신만의 공감 메커니즘이 있나요?
오바마 대통령 선거전에 사용된 결정적인 수법

'퍼블릭 네러티브(Public Narrative)' '커뮤니티 오거나이징(Community Organizing)'

'자신이 여기 있는 이유'   "Self Us Now" 이론

'나의 이야기'   "저는 흑인으로서 비주류의 아픔을 겪으며 자라왔습니다. 하지만 미국이라는
나라가 제게 자유를 준 덕분에 지금 이 자리까지 올 수 있었습니다.

'우리의 이야기'   비주류의 아픔을 아는 제가 변화를 이끌겠습니다.

'지금의 이야기'   이것은 앞으로 여러분도 충분히 할 수 있는 일입니다."

지금 우리가 움직여야하는 이유

우리가 지금 여기에 있는 이유   ☆ 'Self Us Now'라는 이론에 입각한 스토리인 인생의 '프로세스'를 듣다보면

우리는 타자의 이야기와 나의 이야기를 동일시하게 된다.

"나는 이런 인생을 살았다.(Me) 당신도 지금 이런 길을 걷고 있다.

나와 당신에게도 공통점이 있다.(We) 그것을 토대로 연대하여 다 같이 변화를 일으키자.(Now)"

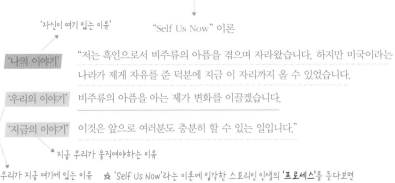

성공적인 공감 메커니즘 공식

'Self Us Now' = Me We Now = 나, 우리 그리고 지금

일본 40만부 이상
베스트셀러
《제로》 스토리 방식

Me
자신의 이야기
독자와의 거리 좁히기

We
공통점을 찾아 연대감 형성

Now
자신이 하고 싶은 이야기

— 오바라 가즈히로 《프로세스 이코노미》 중에서

나의 이야기에 공감하게 하려면 특별한 이야기 공식을 활용해야 한다. 'Self, Us, Now' 이론 또는 'Me, We, Now' 이론대로 '나, 우리 그리고 지금'의 순서로 이야기를 구성하면 된다.

081

성공을 부르는
과정설계 프로세스를 아나요?

#목표달성하는법 #효과화이론 #프로세스이코노미

■ 성과를 내는 과정 설계 원리를 아는가?

과거

정답주의

현재·미래

수정주의

\# 과정의 발전
\# 프로세스 이코노미

급변하는 시대에 프로세스를 공개하고 반응을 살피며 끊임없이 수정해가는 것.

✿ 사라스바티 교수, 성공한 창업가 27명 연구

'효과화 이론' : 목표를 달성해내는 방법, 요령.

불확실한 상황에 대처하며 성과를 내는 다섯 가지 원리 정리.

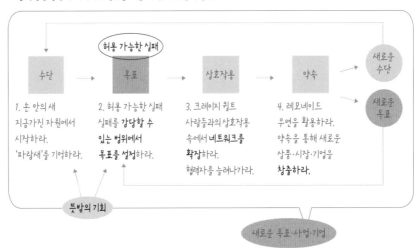

허용 가능한 실패

수단	목표	상호작용	약속	새로운 수단

새로운 목표

1. 손 안의 새
지금가진 자원에서
시작하라.
'파랑새'를 기억하라.

2. 허용 가능한 실패
실패를 **감당할 수
있는 범위**에서
목표를 설정하라.

3. 크레이지 퀼트
사람들과의 상호작용
속에서 **네트워크를
확장**하라.
협력자를 늘려나가라.

4. 레모네이드
우연을 활용하라.
약속을 통해 새로운
상품·시장·기업을
창출하라.

뜻밖의 기회

새로운 목표·사업·기업

사라스바티 교수의
'효과화 이론'
성과를 내는 원리

1. 손 안의 새 : 지금가진 자원에서 시작하라. '파랑새'를 기억하라.

2. 허용 가능한 실패 : 감당할 수 있는 손실을 정해두라.

3. 크레이지 퀼트 : 협력자를 늘려나가라. 정해진 규칙없이 자유롭게 대응.

4. 레모네이드 : 우연을 활용하라. 레몬즙 + 꿀 + 얼음 = 레모네이드. 우연 → 기회

5. 비행기 조종사 : 통제할 수 있는 부분에 집중하라. 프로젝트나 행사 진행시 중심을 잘 잡아야 한다.

– 오바라 가즈히로 《프로세스 이코노미》 중에서

결과, 아웃풋, 스펙이 중요했던 '정답주의' 시대에서 과정, 프로세스, 경험이 중요해진 '수정주의' 시대로 옮겨진 지금, 어떻게 해야 원하는 목표를 달성할 수 있을까? '효과화 이론'이 작동하는 사이클을 이해하면 된다.

082

고객관계관리(CRM)에도 공식이 있다

#고객관계관리 #각자의철칙 #고객우선주의

■ 고객관계관리(CRM)는 안녕하십니까?

CRM : Customer Relationship Management

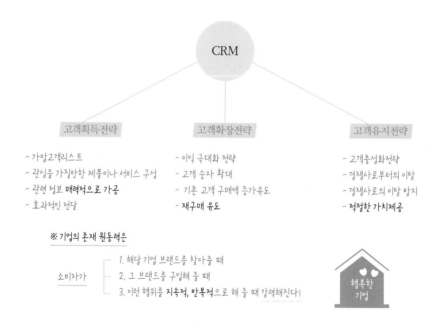

CRM

고객획득전략

- 가망고객리스트
- 관심을 가질만한 제품이나 서비스 구성
- 관련 정보 매력적으로 가공
- 효과적인 전달

고객확장전략

- 이익 극대화 전략
- 고객 숫자 확대
- 기존 고객 구매액 증가유도
- 재구매 유도

고객유지전략

- 고객충성화전략
- 경쟁사로부터의 이탈
- 경쟁사로의 이탈 방지
- 적절한 가치제공

※ 기업의 존재 원동력은

소비자가
1. 해당 기업 브랜드를 찾아줄 때
2. 그 브랜드를 구입해 줄 때
3. 이런 행위를 지속적, 반복적으로 해 줄 때 강력해진다!

행복한 기업

– 신인철 《나는 하버드에서 배워야 할 모든 것을 나이키에서 배웠다》 중에서

고객관계관리 CRM은 한순간의 기분이나 공약으로 만들어지지 않는다. 고객의 입장에서 당신을 생각하고, 당신에게 지갑을 열고, 당신을 지속적으로 소비해야 할 이유는 명확하다. 고객은 자신에게 유리한 방식, 즉 자신의 철칙에 따라 움직인다.

#083
퍼스널 브랜드인 당신,
앞으로 누구와 일해야 하나요?

#프로젝트사회 #협업의방식 #구글이일하는방법

■ 협업을 잘하려면 어찌해야 할까?

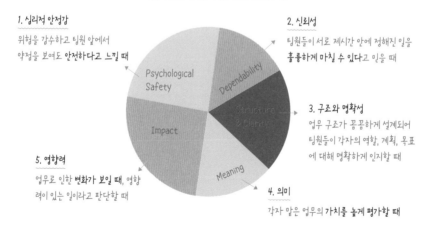

성과높은 구글의 팀 운영 노하우 5

1. 심리적 안정감
위험을 감수하고 팀원 앞에서
약점을 보여도 안전하다고 느낄 때

2. 신뢰성
팀원들이 서로 제시간 안에 정해진 일을
훌륭하게 마칠 수 있다고 믿을 때

3. 구조와 명확성
업무 구조가 꼼꼼하게 설계되어
팀원들이 각자의 역할, 계획, 목표
에 대해 명확하게 인지할 때

5. 영향력
업무로 인한 변화가 보일 때, 영향
력이 있는 일이라고 판단할 때

4. 의미
각자 맡은 업무의 가치를 높게 평가할 때

– 조용민 《언바운드》 중에서

186

프로페셔널 완전체가 일하는 프로젝트 사회에 구글의 팀 운영 노하우는 높은 성과를 위한 확실한 가이드가 된다. 프로젝트 사회에서는 퍼스널 브랜드 각자가 이미 검증된 온전체가 되어야 기회가 생긴다. 세상에 그냥 되는 일은 없다.

084

'관계 맺기'가 서툰 사람도 방법은 있다

#관계맺기가중요 #의도적성격변신 #비즈니스성격이중요

■ '관계맺기'가 서툰 사람이 성공하려면?

〈심리학자들이 말하는 다른 사람들을 평가할 때 눈여겨 보는 다섯가지 특성〉

지난 100년 동안 직업은 무거운 것을 드는 일에서 자신의 성격을 **바꾸고 향상하는 일로** 계속 진화해왔다.
결론 : 엑셀 스프레드시트를 더 잘 다루거나 시간관리를 더 잘하기 위해 노력하는 것은 쉽다. 하지만 그것이 함정이다.

실제 **상호작용에 투자**하는 것만이 우리에게 보상으로 되돌아온다.

– 세스 고딘 《린치핀》 중에서

관계 맺기가 서툰 사람이 성공하기 위해서는 '개인적' 성격을 '비즈니스' 성격으로 바꿔야 한다. 사람과 사람을 연결하고, 다른 사람의 마음을 얻고, 다른 사람과 함께 성장하고자 하는 사람들에게 기회가 있다.

085

특정 분야의 전문가로
포지셔닝 해야 하는 이유

#특정분야전문가 #포지셔닝의문제 #핑크펭귄전략

■ 커뮤니티 구출 전략

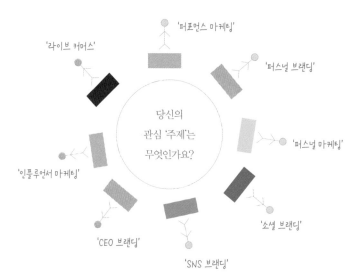

우리들의 네트워킹은 이래야 한다

'퍼포먼스 마케팅'

'라이브 커머스'

'퍼스널 브랜딩'

당신의
관심 '주제'는
무엇인가요?

'퍼스널 마케팅'

'인플루언서 마케팅'

'소셜 브랜딩'

'CEO 브랜딩'

'SNS 브랜딩'

해당 분야의 **전문가**가 되는 것,
연관 분야 전문가와 **교류**하는 것,
'따로 또 같이!'

퍼스널 브랜딩에서 제일 먼저 고려할 것은 자신을 어떤 분야의 사람으로 포지셔닝할 것인가다. 비슷하면 까인다. 퍼스널 브랜딩은 '나는 브랜드다'라는 외침이 아니라 증명 가능한 데이터의 소리 없는 아우성으로 서서히 강력해진다.

6장
퍼스널 브랜딩의 기술

Branding

브랜딩은 '그런 사람'으로 보이도록 하는 과정이다

■ -답다 & -보인다

■ 나만의 영역

■ 타인이 보는 영역

#브랜딩과패키징의차이 #격에맞는패키징 #액자효과

■ 패키징을 하느냐 안 하느냐 그것이 문제로다

"우리 모두가 모종의 패키징을 행한다는 사실을 기억해야 한다. 우리가 말하는 모든 것과 행하는 모든 것,
타인에게 외모를 보이는 방식 등이 모종의 패키지를 창출한다"는 말이다.

'정적'인 무엇
☆ 고객 중심
'그들이 생각하고
느끼는 그 무엇'

Branding

vs

Packaging

'동적'인 무엇
☆ 당신과 당신이
하는 일의 중심
(당신이 조합하는 것)

당신의 '브랜드'는 고객이 당신과 당신의 회사에 대해 갖고 있는 [생각과 느낌]의 조합이다. 브랜딩은 그런 브랜드에 이름이나 이미지를 부여하는 작업이다.

"고객의 머리와 가슴 속에 있는 무엇"

패키징은 고객의 머리와 가슴에 브랜드를 각인하기 위해 이용하는 아이디어와 표현, 이미지, 경험 등을 조합하는 작업이다.

"거기에 도달하기 위해 행하는 무엇"

제품을 성공적으로 판매하고 브랜드 이미지를 구축하기 위해서는 효과적인 패키징 전략이 필수적이다. 당신이 해당 분야 최고라는 것을 보여주기 위해 하는 모든 것이 패키징이다.

주목받는 행사 포스터는
어떻게 만드나요?

#주목받는디자인의공식 #기능디자인 #장식디자인

■ **미션 : 행사포스터를 만들어라!!**

기능디자인	장식디자인
누가, 언제, 어디서, 무엇을, 어떻게, 왜 [무슨] 행사인지 알리는 것	컬러, 상징, 폰트, 크기, 사진 … [있어빌러티]하게 보여주는 것
이성(Benefit)	감성(Feeling)

주목받는 디자인은 기능 디자인 '전달하고자 하는 것을 쉽게 알아보게 해 주는 것'과 장식 디자인 '매력적으로 보이게 하는 것'의 콜라보로 완성된다. 결국 브랜딩이란 보이는 방식을 콘트롤하는 것이다.

■ 효과적인 브랜딩 = 강력한 커뮤니티가 답이다

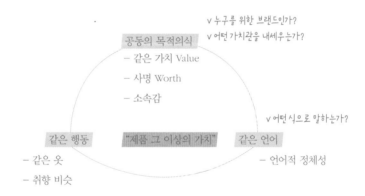

많은 브랜드들은 거의 모든 사람들을 대상으로 비즈니스를 한다. 하지만 효과적인 브랜딩을 위해서는 특별한 관계로 연결된 커뮤니티가 핵심이다. 성공적인 브랜드를 원한다면 '모두를 위한 그 무엇'에서 '특별한 우리를 위한 그 무엇'이 되어야 한다.

089

어디서나 통하는 여섯 가지
스토리텔링 프레임워크

#스토리텔링의힘 #클릭유도문안 #구하라그러면얻을것이다

■ # 틱톡에서 통하는 [스토리텔링 프레임워크 6]

틱톡스러운 # 진정성 있는 # 관계형성

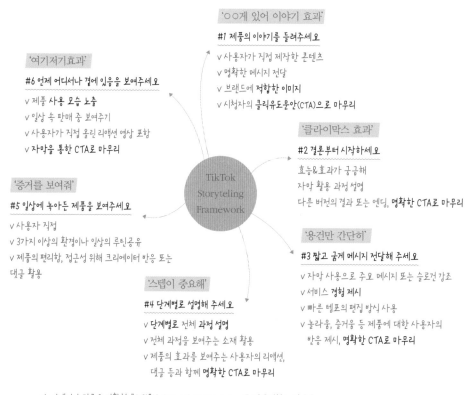

'○○게 있어 이야기 효과'

#1 제품의 이야기를 들려주세요

∨ 사용자가 직접 제작한 콘텐츠

∨ 명확한 메시지 전달

∨ 브랜드에 적합한 이미지

∨ 시청자의 클릭유도문안(CTA)으로 마무리

'여기저기효과'

#6 언제 어디서나 곁에 있음을 보여주세요

∨ 제품 사용 모습 노출

∨ 일상 속 판매 중 보여주기

∨ 사용자가 직접 올린 리액션 영상 포함

∨ 자막을 통한 CTA로 마무리

'클라이막스 효과'

#2 결론부터 시작하세요

효능&효과가 궁금해

자막 활용 과정 설명

다른 버전의 결과 또는 엔딩, 명확한 CTA로 마무리

'증거를 보여줘'

#5 일상에 녹아든 제품을 보여주세요

∨ 사용자 직접

∨ 3가지 이상의 환경이나 일상의 루틴공유

∨ 제품의 편리함, 접근성 위해 크리에이터 반응 또는
대글 활용

'용건만 간단히'

#3 짧고 굵게 메시지 전달해 주세요

∨ 자막 사용으로 주요 메시지 또는 슬로건 강조

∨ 서비스 경험 제시

∨ 빠른 템포의 편집 방식 사용

∨ 놀라움, 즐거움 등 제품에 대한 사용자의
반응 제시, 명확한 CTA로 마무리

'스텝이 중요해'

#4 단계별로 설명해 주세요

∨ 단계별로 전체 과정 설명

∨ 전체 과정을 보여주는 소재 활용

∨ 제품의 효과를 보여주는 사용자의 리액션,
대글 등과 함께 명확한 CTA로 마무리

TikTok
Storytelling
Framework

☆ 어쨌거나 결론은 명확한 "CTA"(클릭유도문안 : Call To Action)로 마무리하는 것이다.

― 2022 틱톡 인사이트 리포트 중에서

틱톡이 제안하는 성공적인 스토리텔링 프레임워크가 있다. "이 약으로 몸무게 앞자리를 바꾸고 싶다면, 이 책한 권으로 인생을 바꾸고 싶다면, 이번 강연으로 부자가 되고 싶다면, [클릭!] 하세요." 어쨌거나 결론은 명확한클릭 유도 문안(CTA:Call To Action)으로 마무리하는 것이다.

090

브랜딩은 '그런 사람'으로 보이도록 하는 과정이다

#보여주기가브랜딩 #주관적영역 #객관적영역

■ '보여주기'가 브랜딩의 핵심

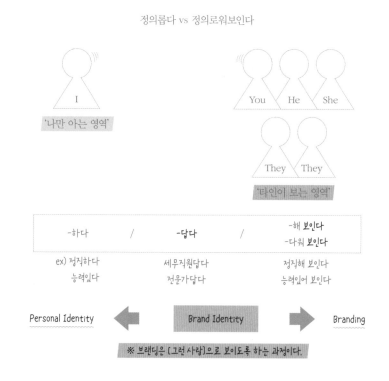

정의롭다 vs 정의로워보인다

I
'나만 아는 영역'

You   He   She

They   They
'타인이 보는 영역'

-하다 /	-답다 /	-해 보인다 -다워 보인다
ex) 정직하다 능력있다	세무직원답다 전문가답다	정직해 보인다 능력있어 보인다

Personal Identity ⬅ Brand Identity ➡ Branding

※ 브랜딩은 [그런 사람]으로 보이도록 하는 과정이다.

정의롭다는 것은 '나만 아는 영역'이다. 정의로워 보인다는 '타인이 보는 영역'이다. 실제 능력 있는 것도 중요하지만 능력 있는 사람으로 보이는 것도 중요하다. 진짜를 진짜처럼 보이게 하는 것은 주관적 영역을 객관적 영역으로 전환하는 것이다.

■ 톰 피터스식 표현의 심리학

요란하게
위대하게

파블로 피카소
볼프강 아마데우스 모차르트
아브라함 링컨
윈스턴 처칠
앤드류 카네기
헨리 포드
잭 웰치
스티브 잡스
도널드 트럼프
빌 게이츠
...
공통점 : 자기영역의 아이콘 ☆

은밀하게
위대하게

간디
마더 테레사 수녀
????

Q : 보이는 능력을 강화시키는 방법

1. 당신의 능력에 대한 **자신감**을 보여라.

2. 장점에 **초점**을 맞춰라

3. 자신감을 증명할 성과를 어필하라
그리고
절대, 절대, 절대
[핵심능력]에 대해 **겸손함을 피해라**

– 잭 내셔 《어떻게 능력을 보여줄 것인가》 중에서

204

세상은 업적 자체보다 업적이라는 겉모습에 보상해 줄 때가 더 많다. 사람들은 실제 능력이 아니라 보이는 능력으로 상대의 능력을 판단한다. '우리는 행한 대로 받는 것이 아니라 보이는 대로 받는다'는 말을 기억하자.

절대 채널을 돌리지 않게 만드는 비법은 뭔가요?

#주목받는메시지전달법 #흔들기 #받기

■ **절대 채널을 돌리지 않는 구성의 비법**

— 시청자가 피곤하지 않게 하는 TV방송 구조

'흔들기'와 '받기' 구조를 만드는 방법

3단계를 통해 완급을 조절한 강조 문장을 만든다.

예) 흔들기 / 시간당 몸값을 100만 원 이상 만들 수 있었던 이유. 그것은!

받기 / 주력분야에서 확실하게 자리잡은 '퍼스널 브랜드' 때문.

— 모토하시 아도 《전달의 법칙》 중에서

지루하지 않게 메시지를 전달하는 공식이 있다. 절대 채널을 돌리지 않는 구성의 비법은 '흔들기'와 '받기' 구조를 활용하는 것이다. 흔드는 말은 친숙하고 익숙한 말로 시작된다. '그것은', '그것이', '그래서', '그리고', '게다가'로 시작하면서 사람들의 관심을 끌고 가장 강조하고 싶은 말로 받으면 된다.

■ 소비자를 사로잡는 기술, 프라이밍효과(Priming Effect)

〈선택의 기로〉

낯선 기억   # 최근의 기억
희미한   # 최신의
오래전   # 친숙한
                 # 반복노출

프라이밍효과
〈광고〉

? B

제품의 기술적인 장단점 ×   제품의 특정 이미지 부각 ○

고객을 '프라이밍'한다

'프라이밍효과'는 최근에 빈번하게 활성화된 개념이 그렇지 않은 개념보다 머릿속에 쉽게 떠오른다는 것을 나타내는 용어.

특정 [브랜드]하면 먼저 떠오른 개념이 이후에 제시되는 지각과 해석에 영향을 미치는 현상.

심리학, 인지과학 분야에서는 프라이밍을 '점화효과'라 쓰기도 함.

ex) (이미지)   (단어)
피자   '스파'○○   →   스파게티
라자냐

로마   '스파'○○   →   스파르타
군인

※ 특정 브랜드에 〈반복노출〉될 경우 쇼핑을 할 때 그 브랜드의 물건을 살 **가능성이 커지는 것**, 이것이 바로 [프라이밍효과]다.

– 조용민 《언바운드》 중에서

소비자를 사로잡는 기술을 아는가? 선택의 기로에 선 소비자는 가장 최근에 자주 본 듯한 브랜드에 지갑을 연다. 광고가 자주 쓰는 기술, 프라이밍 효과(Priming Effect)다.

094

적극적인 공유에도 공식이 있다

#적극적인공유 #소셜퍼포먼스리뷰능력 #축적된데이터의힘

■ 적극적인 공유가 일어나려면?

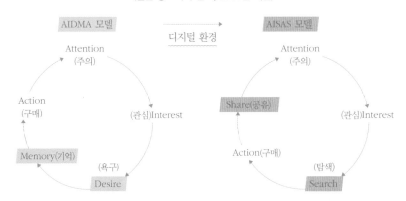

〈일본 광고회사 덴츠, 2005년 제안〉

AIDMA 모델 → 디지털 환경 → AISAS 모델

행동경제학자 이타마르 시몬슨 "오늘날의 소비자들은 구매 전 타인들이 공유한 경험정보를 통해 제품의 '〈절대가치(Absolute Value)〉'를 알 수 있게 되어, 선택의 실패 위험이 줄어들고 브랜드에 대한 의존도가 낮아졌다."

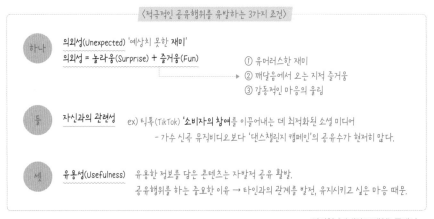

〈적극적인 공유행위를 유발하는 3가지 조건〉

하나 의외성(Unexpected) '예상치 못한 재미'
의외성 = 놀라움(Surprise) + 즐거움(Fun)
① 유머러스한 재미
② 깨달음에서 오는 지적 즐거움
③ 감동적인 마음의 울림

둘 자신과의 관련성 ex) 틱톡(TikTok) '소비자의 참여를 이끌어내는 데 최적화된 소셜 미디어
- 가수 신곡 뮤직비디오보다 '댄스챌린지 캠페인'의 공유수가 현저히 많다.

셋 유용성(Usefulness) 유용한 정보를 담은 콘텐츠는 자발적 공유 활발.
공유행위를 하는 중요한 이유 → 타인과의 관계를 발전, 유지시키고 싶은 마음 때문.

– 김지헌 《마케팅 브레인》 중에서

소셜 퍼포먼스 리뷰는 내가 올린 콘텐츠에 좋아요, 댓글, 공유, 팔로워를 얻는 기술이다. 적극적인 공유가 일어나려면 콘텐츠에 의외성, 관련성, 유용성이 있어야 한다. 우리의 목적지는 모든 사람의 단골 가게가 아니라 내가 속한 분야의 사람들에게 필요한 것만 판매하는 전문가게로 검색되는 것이다.

095

고객을 안달나게 하는 방법이 뭔가요?

#고객을안달나게하라 #마중물효과 #인기있고희소하고

■ 마그네틱 마케터의 무기는?

컨셉
인기 + 희소성

마인드
안전 + 두려움

마인드
신뢰 + 시급성

고객의 감정 촉발 요소

- 사람들이 원하는 두 가지 중 하나는 모두가 갖고 싶어하는 어떤 것, **인기있는 무엇**
  다른 하나는 갖지 못하게 될 수도 있는 것, **희귀한** 무엇, 두려운 그 무엇
- 줄 세우기 전략 : 인기 있고 **희소성**이 있게 보이는 조치
- 당신의 브랜드가 인기 있고 희소하게 보이도록 **만들어야 한다.**

● Brand You "엄청 바쁜가 봐"
"잘 나가나 봐"
"여기 저기서 엄청 찾는대"
"스케줄 잡기 어렵대"

"잠재고객"

- 무료 서비스라도 제공해서 당신의 상품/서비스/프로그램이 인기가 높다는 인상을 주어야 한다. ⇒ '마중물' 효과
- 나의 시간에 '희소성'을 부여하라. 접촉기회를 제한하면 된다. 비서를 통하거나 이메일 등을 통해 예약 후 만날 수 있게 하라.

"고객을 안달나게 하는 방법" 결론 : 1. 제품이나 서비스가 인기 있다는 인상을 창출하라.
2. 당신 자신이나 제품/서비스를 너무 쉽게 이용할 수 있도록 만들지 마라. 접촉 기회에 제한을 두면 된다. 접촉을 하려면 '약속'부터 잡게 만들면 된다. 당신이 제공하는 제품이나 서비스의 공급이 딸릴지도 모른다는 느낌을 갖게 하면 된다.

– 빌 비숍의 《핑크 펭귄》 중에서

사람들은 인기 있는 것에 끌리고 사랑받는 것을 사랑한다. 특별한 이유가 있기보다는 언제나 피곤한 우리의 뇌가 그렇게 작동할 뿐이다. 당신이라는 브랜드가 인기 있고 희소하다는 것을 보여주어야 하는 이유다.

096

강력한 메시지를 전달할 수 있는 가장 쉽고 빠른 방법이 뭔가요?

#컬러마케팅 #구매욕구자극 #색에담긴의도

■ 케첩 머스터드 이론을 아나요?

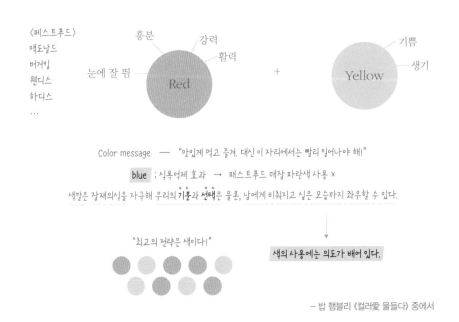

〈페스트푸드〉
맥도날드
버거킹
웬디스
하디스
...

Red — 눈에 잘 띔, 흥분, 강력, 활력

+

Yellow — 기쁨, 생기

Color message —— "맛있게 먹고 즐겨. 대신 이 자리에서는 빨리 일어나야 해!"

blue ; 식욕억제 효과 → 패스트푸드 매장 파란색 사용 x

색깔은 잠재의식을 자극해 우리의 **기분**과 **선택**은 물론, 남에게 비춰지고 싶은 모습까지 좌우할 수 있다.

"최고의 전략은 색이다!"

색의 사용에는 의도가 배어 있다.

– 밥 햄블리 《컬러愛 물들다》 중에서

컬러마케팅은 소비자의 구매 욕구를 자극하는 마케팅 기법이다. 컬러는 사람의 욕망과 밀접한 관계를 맺고 있고, 사람은 색채에 민감한 반응을 보인다. 잘 나가는 브랜드들은 색의 사용에 나름의 의도를 담는다.

097

사람들에게 각인되는 색에는 황금비율이 있다

#위닝컬러 #시각적효과 #색을통제하라

■ 당신에게는 '주제색'이 있나요?

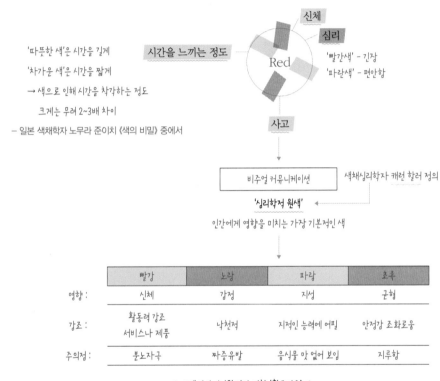

'따뜻한 색'은 시간을 길게

'차가운 색'은 시간을 짧게

→ 색으로 인해 시간을 착각하는 정도

크게는 무려 2~3배 차이

– 일본 색채학자 노무라 준이치 《색의 비밀》 중에서

시간을 느끼는 정도

신체
심리
Red

'빨간색' - 긴장
'파란색' - 편안함

사고

비주얼 커뮤니케이션   색채심리학자 캐런 할러 정의

'심리학적 원색' ←

인간에게 영향을 미치는 가장 기본적인 색

	빨강	노랑	파랑	초록
영향 :	신체	감정	지성	균형
강조 :	활동력 강조 서비스나 제품	낙천적	지적인 능력에 어필	안정감 조화로움
주의점 :	분노자극	짜증유발	음식물 맛 없어 보임	지루함

✿ 고객에게 기억될 컬러 배합 '황금비율' ✿

바탕색 70%	보조색 25%	주제색 5%

스타벅스   흰색   녹색

이마트   흰색   검은색   노란색

블루보틀   흰색(투명)   커피색   파란색(로고)

∴ 색은 너무 과하지 않게, 본질과 의미를 담아 적절하게!!

– 이랑주 《위닝 컬러》 중에서

사람들은 누군가가 한 말보다 자신이 직접 눈으로 본 것을 오래 기억한다. 시각적 효과 중에 가장 강력한 것은 '색'을 통제하는 것이다. 사람들에게 각인되는 색에는 황금비율이 있다.

098

신뢰를 얻는 컬러 커뮤니케이션 방법은?

#컬러에담긴의미 #강력한경험한번이중요 #기업의핵심전략을
컬러에담아라

■ 처음 본 브랜드가 믿음이 가는 이유

스키장
쉽다 ←――――→ 어렵다
초급자 코스　　　최고 난이도 코스

태권도
초급 ←――――→ 유단자

- 짙고 어두운 색일수록 어렵고, 옅고 밝은 색일수록 쉽다고 느낀다.
  → '전문적'이라고 느낀다

〈사고 싶은 컬러 팔리는 컬러〉라는 책에서 영국 슈퍼마켓 브랜드 비교

저가형 슈퍼마켓　　　고가형 슈퍼마켓　　　프리미엄 슈퍼마켓

→ 색의 변화를 통해 '비싸도 살만한 물건'이라는 느낌 극대화

고급스럽게 느껴지려면 '색상'도 중요하지만, '명도(밝고 어두움)'와 '채도(진하고 엷음)'가 중요하다. 기본적으로 노란색보다 오렌지색이 더 고급스럽게 보이지만, 어둡고 진한 정도에 따라 노란색이 더 고급스럽게 느껴질 수도 있다.

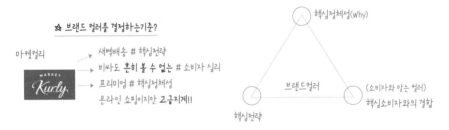

☆ 브랜드 컬러를 결정하는 기준?

마켓컬리

MARKET Kurly

→ 새벽배송 # 핵심전략
→ 비싸도 흔히 볼 수 없는 # 소비자 심리
→ 프리미엄 # 핵심정체성
온라인 쇼핑이지만 고급지게!!

핵심정체성(Why)

브랜드컬러

핵심전략

(소비자와 맞는 컬러)
핵심소비자와의 결합

- 신생기업 : 고객과의 경험을 '빨리', '많이' 쌓는 것이 성공비결
  "흐릿한 경험 백 번보다 강력한 경험 한 번이 중요하다."
  소규모 기업일수록, 〈도전적인 색〉을 써야 하고, 자기 소비자들에게 맞는 색을 선택해야 한다.　　　　　― 이랑주 〈워닝 컬러〉 중에서

신생기업의 경우 고객과의 경험을 '빨리, 많이' 쌓는 것이 성공비결이다. 고객을 빨간 방으로 이끌 것인지, 파란 방으로 이끌 것인지는 당신에게 달렸다. 단, 무난하다는 이유로 하얀 방으로 이끌 수 없다는 것만 기억하면 된다.

099

당신의 색은
무엇을 상징하나요?

#당신의색 #컬러커뮤니케이션 #단하나의주제색

■ 당신의 색(Color)은 무엇을 상징하나요?

'새로운 색' → 기존에 없던 색상을 만드는 일 + 색에 이름과 의미부여

ex) '티파니블루'라는 명칭과 히스토리를 입히는 일

↓

브랜딩 전략의 확장판

☆ [브랜딩]이란 내 고객이 나를 계속해서 기억하게 만들고, 나에 대한 신뢰를 높여가는 과정이다

〈Color Story〉

빨강 Red	분홍 Pink	노랑 Yellow	초록 Green
인간이 최초로 사용한 색. 열정, 현대적인 브랜드, 신체반응, 음료, 과자, 의약품 등 먹는 제품 업종	청춘으로 돌아가게 하는 색. 여성의 색, 뷰티, 미용, 란제리 등 브랜드, 장밋빛 '로즈(Rose)'라 부름.	행복과 약속을 뜻하는 색. 긍정적 느낌, 밝은 햇빛의 느낌, 피트니스산업, 육체 활동관련 업종	성장하는 모든 것들의 색. 교육브랜드, 현대에는 웰빙, 친환경, 공정을 상징 오정, 과일의 색
파랑 Blue	보라 Purple	검정 Black	하양 White
지적능력을 상징하는 색. 차가운 느낌, 이성적 미래지향적 브랜드, IT, 금융 분야	고급스럽고 자유로운 색. 왕족의 색, 신비로움, 고귀한, 예술성, 희소성 상징, 프리미엄, 럭셔리, 고급화 전략	어둠과 빛, 양면을 다 가진 색. 정직함, 깨끗함, 간결함, 고급, 지적, 독립적, 창조적, 인플루언서, 패션브랜드	치유와 회복의 색. 흰색과 검은색은 쓰임새 동일, 블랙 앤드 화이트처럼 상징 비슷, 의료분야

– 이랑주 《워닝 컬러》 중에서

'남과 비슷해지고' 싶지만 격렬하게 '남과 다르고 싶다'는 외침은 나를 비롯한 대부분의 사람들이 갖는 진심이다. 브랜딩이란 내 고객이 나를 계속해서 기억하게 하고, 나에 대한 신뢰를 높여가는 과정이다. 아는 만큼 보이고, 축적된 만큼 강력해진다.

100

반드시 성공하는 퍼스널 브랜딩 3가지 규칙

#자기정체성 #과정의시각화 #프로그래밍효과

■ 반드시 성공하는 퍼스널 브랜딩 3가지 규칙

첫째, 자기 정체성을 '결정'하라. Determine!

생각 : 의식적인 마음
기분 : 잠재의식

AS—IS → TO—BE

'내 기분은 어떨까?'

Excellence in _____ !
퍼스널 브랜딩 분야 최고

결과(TO-BE)를 향해서가 아니라 결과에서 출발해야 한다. "이미 그 사람(브랜드)인 것처럼" 생각하고 행동하라.

둘째, 과정을 '시각화'하라

Book   홈페이지   방송   토크쇼   강연

+ α   + α   + α

브랜드 정체성 바구니   퍼스널 브랜딩

셋째, 프로그래밍하라. 규칙과 규율을 준수하라

개인브랜딩방정식 = {지성 + 감성 + 마음} X 시간 X 타이밍

Knowledge   느낌   의지
Skill   기분
Attitude
'해당분야'

Personal Brand 5T = {Talent + Training + Talk} X Time X Timing

영(혼)
마음
육체
v 자기와의 소통
v 타인과의 소통
v Offline
v Online

퍼스널 브랜딩을 하는 방법은 얼마든지 있다. 하지만 어떤 사람이라도 피해 갈 수 없는 반드시 성공하는 퍼스널 브랜딩에는 3가지 규칙이 있다. 당신을 무명에서 유명으로 바꿔 줄 퍼스널 브랜딩 생존병기를 기억하라.

여러분, 100일의 여정을 마치신 것을 진심으로 축하드립니다. 이 순간은 여러분이 거쳐 온 수많은 도전과 성취의 순간들을 기념하는 시간입니다. 매일의 작은 단계가 모여 이제 여러분은 자신만의 브랜드를 한 단계 업그레이드시키는 놀라운 여정을 완성하셨습니다.

이 100일 동안 여러분은 단순히 브랜딩 기술을 배운 것이 아닙니다. 자기 자신을 더 깊이 이해하고, 자신의 가치와 역량을 세상에 표현할 수 있는 방법을 발견하셨습니다. 어떤 날은 기대 이상으로 성취감을 느끼셨을 것이고, 어떤 날은 예상치 못한 도전에 직면했을 수도 있습니다. 하지만 중요한 것은, 그 모든 순간에도 여러분은 포기하지 않고 이 길을 걸어왔다는 사실입니다.

이제 여러분은 더 큰 도전을 맞이할 준비가 되셨습니다. '하루 하나 브랜딩 100일 챌린지 북'과의 여정이 끝났다고 해서 성장이 멈추는 것이 아닙니다. 이 책에서 배운 교훈과 기술들은 앞으로 여러분이 나아갈 길에 계속해서 빛을 발할 것입니다. 계속해서 자신의 브랜드를 닦고, 발전시켜 나가세요.

무엇보다도, 자신에게 자부심을 느끼시길 바랍니다. 여러분이 지금까지 해낸 일들은 매우 대단한 성취입니다. 이 성취를 바탕으로 앞으로 나아가는 여정에서도 변함없이 꿈을 향해 나아가시길 바랍니다.

다시 한번, 이 멋진 여정에 함께해 주셔서 감사합니다. 여러분의 미래가 언제나 밝기를 기원합니다. 그리고 언제나 기억하세요, 여러분의 개인 브랜드는 여러분 자신이 만들어가는 가장 소중한 이야기입니다. 계속해서 그 이야기를 펼쳐 나가십시오. 여러분의 브랜드, 여러분의 이야기는 계속됩니다.

마지막으로 퍼스널 브랜딩 시조새가 전해드리는 퍼스널 브랜딩 메시지입니다.
"브랜딩은 화려하게, 비즈니스는 은밀하게, 브랜드는 위대하게"

Branding You Beyond

조 연 심